小林カツ代

読むだけレシピ

COOK BOOK 300

毎日おいしいクイックごはん

はじめに──おいしい味のバトンをあなたへ

　私の師匠小林カツ代は生前、働く女性たちにエールを送り、男性や子どもたち、シニア世代にも、家庭料理がいちばん大切なことを長年伝えてきました。
　毎日の食事だからこそ、「簡単・早い・おいしい」をモットーに、考案したカツ代流レシピには、無駄のない賢い料理の知恵とコツが、随所にちりばめられています。その数は、なんと１万点以上！に及びます。昭和・平成と多くの女性たちの家庭の味として、受け継がれているように思います。
　この本には、毎日の食事にすぐ役立つ料理だけでなく、おはぎやぬか床など昔ながらの日本の味や、簡単ですぐにできるおやつのレシピも載せてあります。
「今日は何にしようかなア」と思ったとき、この本をパラパラとめくってください。必ず食べたいものが見つかります。
　急いで食事のしたくをしなければならないときは"はやい"料理、ある程度時間に余裕のあるときは"ゆったり"の料理を選べるようにマークをつけて見やすくしました。
　調理は段取りからスタートします。レシピには「切る」、「下ごしらえ」、「下準備」の手順から記載。次に「炒める」、「煮る」、「焼く」と進み、料理によっては「あえる」、「仕上げる」となって「はい、でき上がり！」です。
　写真がないので初心者の人ははじめちょっととっつきにくいかもしれませんが、難しい料理はありませんから読むだけで誰にでもおいしく作れます。とにかく作ってみてください。きっと手放せないレシピ集となって、毎日役立ってくれることと思います。おいしくできますように……。

　　　　　　　　　　　　　　　　　　　　本田明子（家庭料理家）

▼計量の単位
1カップ…200㎖、大さじ1…15㎖、小さじ1…5㎖、米の計量は1合…180㎖
▼材料表について
とくに記載のないものは2人分です。料理によっては、作りやすい分量、2〜3人分、1人分を目安に記載しています。
▼だしとスープ
・材料表にある「だし」とはだし汁のことで、とくに断りがないものは昆布と削り節でとっただしを使います（p.286参照）。「濃いめ」と記載されている場合は、削り節を多めに使います。
・固形スープの素は、コンソメ、ブイヨンなどの商品名で市販されているものを使っています。
▼調味料
・しょうゆは濃口しょうゆ、砂糖は上白糖、酒は日本酒、みりんは本みりんを使います。
・酢は主に米酢を使いますが、材料表にとくに記載がない場合は穀物酢、純米酢、リンゴ酢など好みの酢でOKです。

読むだけレシピ

小林カツ代

COOK BOOK 300

毎日おいしいクイックごはん

CONTENTS

はじめに――おいしい味のバトンをあなたへ――3

野菜料理―――19

青菜のじか炒め―――20
アスパラガスとじゃこの炒め煮―――20
アスパラガスのチーズ焼き―――21
いんげんのサッと煮―――22
いんげんのピリ辛つくだ煮―――22
うどの酢みそあえ―――23
うどの皮のきんぴら―――24
オクラと桜えびの炒め物―――25
かぶのあちゃら漬け―――26
かぶと鶏のコトコト煮―――27
かぼちゃの煮物―――28
かぼちゃのサラダ―――28
きのこの酒蒸し―――29
キャロットサラダ―――30
きゅうりもみ―――31
きゅうりと豚肉の炒め物―――32
切り干し大根の煮つけ―――33
紅白松前漬け―――34
グリンピースのひすい煮―――35
コールスローサラダ　ドレッシング味―――36
コールスローサラダ　マヨネーズ味―――36
コーンキャベツ―――37
粉ふき芋―――38
小松菜のからしあえ―――38
小松菜の煮浸し―――39
根菜の煮物―――40
里芋とこんにゃくの田楽―――41
里芋と牛肉の煮つけ―――42

干ししいたけの甘辛煮	43
ジャーマンポテトサラダ	44
多宝菜	45
春菊の柑橘酢	46
春菊のごまあえ	47
しょうがなす	48
食用菊のお浸し	49
新じゃがの揚げ煮	50
スイートトマトサラダ	51
セロリのナンプラー炒め	52
ぜんまいとせりの炒め物	53
そら豆のごまあえ	54
大学芋	54
大根皮のしょうゆきんぴら	55
大根のしんなりサラダ	56
たけのこの木の芽あえ	56
たたききゅうり	57
たたきごぼう	58
玉ねぎのお浸し	59
玉ねぎのピリピリ漬け	59
チンゲンサイのピリ辛炒め	60
つぼみ野菜のディップ	61
冬瓜のくず煮	62
なすのみそ炒め	63
なすの煮浸し	64
菜の花のからしあえ	64
菜の花のお浸し	65
ニソワーズサラダ	66
にらたま	67
にんじんのきんぴら	68
にんじんのグラッセ	68
ねぎのみそドレ	69

白菜のさけ缶鍋	70
白菜の柚香煮	71
切り干し大根のはりはり漬け	72
春野菜の煮合わせ	73
ピーマンと牛肉の炒め物	74
ピリ辛レタス炒め	75
ふきの青煮	76
ふきの葉の梅煮	77
ふろふき大根	78
ほうれんそうのお浸し	79
ほうれんそうの磯あえ	80
ほうれんそうのサラダ	80
ほうれんそうのバター炒め	81
ポテトコロッケ	82
ポテトサラダ	83
もやしのカレー酢あえ	84
もやしのサラダ風	85
ラタトゥイユ	86
野菜炒め	87
れんこんのきんぴら	88
わけぎの酢みそあえ	89
若竹煮	90

肉料理 — 91

[牛肉]

- 牛肉とレタスのキムチ炒め — 92
- 牛肉のおろししゃぶしゃぶ — 92
- ねぎねぎ牛どん — 93
- すき焼き(関西風) — 94
- 牛チゲ — 95
- 肉じゃが — 96
- ビーフカツ — 97
- ビーフシチュー — 98
- ビーフストロガノフ — 100
- ひらひらカレー — 101
- ペッパーステーキ — 102
- 焼き肉 — 103
- 八幡巻き — 104
- 和風シャリアピンステーキ — 105
- 和風ローストビーフ — 106

[豚肉]

- 梅酒煮豚 — 107
- 角煮 — 108
- 簡単ホワイトシチュー — 109
- シシカバブ — 110
- 正調しょうが焼き — 111
- 酢豚 — 112
- 簡単酢豚 — 113
- 串カツ — 114
- とんカツ — 115
- とんテキ — 116
- 豚しゃぶしゃぶ — 117
- 豚肉とキャベツの炒め物 — 118

豚肉とほうれんそうの常夜鍋 ——————— 119
ポークチャップ ———————————————— 120
レバーのかりんとう揚げ ————————— 121
レバーとにらの炒め物 —————————— 122

[鶏肉]
レバーのしょうが煮 ——————————— 123
大鍋煮 ————————————————————— 124
鶏のきじ焼き風 ————————————— 125
骨つき肉のチキンカレー ———————— 126
チキンのクリーム煮 —————————— 127
チキンソテー —————————————— 128
筑前煮 ————————————————————— 129
鶏すき鍋 ———————————————————— 130
鶏肉のピカタ —————————————— 131
鶏のから揚げ —————————————— 132
鶏のくわ焼き —————————————— 133
棒々鶏(バンバンジー) ————————— 134
フライドチキン ————————————— 135

[ひき肉]
つくねのじか煮 ————————————— 136
ドライカレー —————————————— 137
肉だんご ———————————————————— 138
あんかけ肉だんご ———————————— 139
ハンバーグ ———————————————— 140
メンチカツ ———————————————— 142

魚介料理 ——— 143

[魚]
- あじの南蛮漬け ——— 144
- いわしのかば焼き ——— 145
- かつおの自家製たたき ——— 146
- かつおの山かけ ——— 147
- 簡単田作り ——— 148
- さけのタルタルソース ——— 149
- さけそぼろ ——— 150
- さばのケチャップあんかけ ——— 151
- さばの竜田揚げ ——— 152
- さばの煮つけ ——— 153
- さばのみそ煮 ——— 154
- さんまの梅煮 ——— 155
- さんまの塩焼き ——— 156
- 白身魚のムニエル ——— 157
- 白身魚の五目あんかけ ——— 158
- 鯛のかぶと煮 ——— 159
- たら豆腐 ——— 160
- たらときのこのホイル焼き ——— 161
- 中国風刺身サラダ ——— 162
- にしんの甘露煮 ——— 163
- ねぎツナ ——— 163
- ぶり大根 ——— 164
- まぐろとわけぎのぬた ——— 165

[いか・えび・かに]
- いかと大根の煮物 ——— 166
- いか納豆 ——— 166
- いかねぎみそ炒め ——— 167
- えびフライ ——— 168

えびの簡単チリソース ─── 169
かにコロッケ ─── 170
てんぷら盛り合わせ ─── 172
かにたま ─── 174

[貝・たらこ]
赤貝とわけぎのぬた ─── 175
あさりの酒蒸し ─── 176
かきフライ ─── 177
たらこの粕漬け ─── 178
はまぐりの酒蒸し ─── 178
帆立て貝とえのきだけのサラダ ─── 179

[魚肉加工品・海藻その他──ちくわ・はんぺん・
さつま揚げ・くらげ・ひじき・わかめなど]
おでん ─── 180
きのことはんぺんの炒め物 ─── 181
さつま揚げと玉ねぎの卵とじ ─── 182
なますサラダ ─── 183
ひじきの中華サラダ ─── 184
ひじきの懐かし煮 ─── 185
わかめとじゃこの梅干し煮 ─── 186

大豆製品・豆・卵料理 — 187

[豆腐・おから・厚揚げ・油揚げ・高野豆腐]
揚げだし豆腐 — 188
厚揚げのとろろあん — 189
いり豆腐 — 190
おから(うの花) — 191
高野豆腐の丸煮 — 192
セロリと油揚げのサラダ — 193
宝袋 — 194
豆腐と厚揚げの親せき煮 — 195
湯豆腐 — 196
マーボー豆腐 — 197

[豆]
カウボーイシチュー — 198
黒豆 — 199
五目大豆 — 200
チリビーンズ — 201

[卵]
あんかけ卵 — 202
いり卵 — 203
小田巻き蒸し — 204
オムレツ — 205
スペインオムレツ — 206
スクランブルエッグ — 207
卵焼き — 208
だし巻き卵 — 209
茶わん蒸し — 211
目玉焼き — 212

ご飯料理 —— 213

[どんぶり物・混ぜめし・弁当・おにぎり]

いくらご飯 —— 214
おにぎり —— 215
親子どん —— 216
カツどんぶり —— 217
木の葉どんぶり —— 218
菜めし —— 219
三色どんぶり —— 220
鶏ごぼうめし —— 221
ねぎとろどん —— 222
のりおかか弁当 —— 223
深川めし —— 224
麦とろ —— 225
焼きおにぎり —— 226

[炊き込みご飯]

かきご飯 —— 227
かやくご飯 —— 228
きのこご飯 —— 229
栗ご飯 —— 230
さつま芋ご飯 —— 231
赤飯 —— 232
鯛めし —— 233
豆ご飯 —— 234

[すし]

いなりずし —— 234
ちらしずし —— 236

[おかゆ]
おかゆ ——————————————— 238
茶がゆ ——————————————— 239

[洋食・中華]
オムライス ————————————— 240
カレーピラフ ———————————— 241
卵チャーハン ———————————— 242
チキンライス ———————————— 243
中国がゆ ——————————————— 244
中国風おこわ ———————————— 245
なすカレー ————————————— 246
ハヤシライス ———————————— 247
ミルクリゾット ——————————— 248

めん・パスタ・パン・中華点心 ——— 249

[うどん]
釜上げうどん ———————————— 250
カレーうどん ———————————— 251
きつねうどん ———————————— 252

[そば]
にしんそば ————————————— 253

[そうめん・ひやむぎ]
めんつゆ(そうめん・うどん用) ——— 254
ツルツルめん ———————————— 256
にゅうめん ————————————— 257
六味おろしそば ——————————— 258
焼きそうめん ———————————— 259

[中華めん]
ソース焼きそば―――――――――――260
ねぎラーメン――――――――――――261
冷やし中華―――――――――――――262

[ビーフン・春雨]
汁ビーフン―――――――――――――263
春雨のゴールデンヌードル――――――264
焼きビーフン――――――――――――265

[パスタ]
簡単ラザニア――――――――――――266
スパゲティミートソース――――――――267
マカロニグラタン――――――――――268
マカロニサラダ―――――――――――269
ペペロンチーノ―――――――――――270

[パン]
ホットドッグ――――――――――――271
ガーリックトースト――――――――――272
カリフォルニアサンド――――――――――272
クラブハウスサンド――――――――――274
三色サンドイッチ――――――――――276
ピザトースト――――――――――――277

[中華点心]
春巻き――――――――――――――278
焼きギョーザ――――――――――――280
ゆでギョーザ――――――――――――282
シューマイ―――――――――――――283

汁・スープ ——285

[だし]

昆布かつおだし——286
削り節だし——286
煮干しだし——287

[みそ汁]

あさりのみそ汁——288
魚のあらのみそ汁——289
新キャベツと油揚げのみそ汁——290
大根のみそ汁——290
豆腐のみそ汁——291
わかめのみそ汁——292

[吸い物]

えびの吸い物——292
オクラの吸い物——293
はまぐりの吸い物——294
麩の吸い物——295

[その他の和風汁物]

雲片汁——296
かきたま汁——297
粕汁——298
けんちん汁——299
里芋すいとんのみそ汁——300
ジンジャー和スープ——301
すいとん——302
冬瓜スープ——303
豚汁——304

[スープ]
イタリアンスープ ———————————— 305
オニオングラタンスープ ——————————— 306
ガーリックスープ ———————————— 307
コーンスープ ————————————— 308
コンソメスープ ————————————— 309
かぼちゃのポタージュ ——————————— 310
ビシソワーズ ————————————— 311
チキンスープ（中国風）—————————— 312
チャウダー ————————————— 313

おやつ・その他 ———————— 315

[おやつ]
おはぎ（ぼたもち）3種 —————————— 316
お好み焼き ————————————— 318
春菊の草だんご ————————————— 319
古式白玉 ——————————————— 320
カスタードプリン ————————————— 321
ドーナツ ——————————————— 322
パンケーキ —————————————— 323
フルーツサラダ ————————————— 324
ヨーグルトいちごアイス ——————————— 324

[その他]
いちごジャム —————————————— 325
かぼちゃジャム ————————————— 326
さつま芋ジャム ————————————— 326
りんごジャム —————————————— 327
ぬか床 ———————————————— 328
ぬかみそ漬け —————————————— 329

料理をはじめる前に——用語とコツ ——————— 330

野菜料理

旬の味覚と香りを楽しむ
季節の野菜料理レシピ
82点

青菜のじか炒め (はやい)

シンプルな調理だから、
た〜っぷりどうぞ

[材料]
青菜（小松菜、チンゲンサイなど）……1/2ワ（150g）
サラダ油……小さじ2
塩……小さじ1/4
こしょう……少々

[切る]
❶青菜は4cm長さに切る。

[炒める]
❷フライパンか中華鍋を熱してサラダ油を入れ、すぐに青菜の軸のかたいところと分量の塩を加える。強火にして全体をひと混ぜし、葉の部分を加えたらひと炒めしてふたをする。
❸少しするとにごったアクが出てくるので、ふたで押さえてこの汁をきる。あとはふたをとって強火で一気に炒め上げ、味をみて足りなければ塩（分量外）、こしょうで調える。

MEMO✚青菜をじか炒めにすると、色鮮やかな緑色になって素材の持ち味がよ〜く味わえます。ゆでてから炒めるより色もきれいで野性味あふれたおいしさになります。

アスパラガスとじゃこの炒め煮

きんぴら風に
チャチャッといる

[材料]
アスパラガス……1束（150g）
ちりめんじゃこ……大さじ1
ごま油……大さじ1/2
A［酒・しょうゆ・水各大さじ1/2］

> 切る

❶アスパラガスは、根元のかたい部分を1cmほど切り落とし、下から1/3ほど皮をむいて、長さを四等分する。

> 炒める

❷鍋にごま油とアスパラガスの茎のほうを加えて中火にかける。ふたをして2分おき、油が回ったら穂先のほうを加えてひと混ぜし、ちりめんじゃこも加えて炒める。

❸全体が熱くなったら火を止め、Aで調味し、再び強めの中火にかけ、汁けがなくなるまでいりつける。

MEMO✢収穫したばかりのアスパラガスは、皮をむかずに使えます。

アスパラガスのチーズ焼き（はやい）

油は不要。オーブントースターで焼くだけ

[材料]
アスパラガス……1束（150g）
溶けるチーズ（刻んだもの）
　……大さじ山盛り2

> 切る　つまようじに刺す

❶アスパラガスは、根元のかたい部分を1cmほど切り落とし、下から1/3ほどの皮をむいて、長さを三等分する。
❷つまようじを水でサッとぬらし、アスパラガスを3〜4本ずつ刺しておく。

> 焼く

❸オーブントースターの天パンを水でぬらして（こうしておくと、油なしでも焦げつかない）②を並べ、溶けるチーズをのせてオーブントースターで5〜10分ほど焼く。

MEMO✢オクラやししとうがらしなどを使ってもおいしくできます。

いんげんのサッと煮

おかずにもつけ合わせにもなる名脇役

[材料]
いんげん……100g
固形スープの素……1個
水……1カップ
こしょう……少々

[切る]
❶いんげんは筋を取り、二つに切る。

[煮る]
❷鍋にいんげんを入れ、分量の水を注いで固形スープの素を加え、火にかける。ふたをして中火で5～10分煮る。
❸火が通ればOK。仕上げにこしょうをふる。

いんげんのピリ辛つくだ煮

葉とうがらしといっしょにピリリと炒める

[材料]（作りやすい分量）
いんげん……100g
葉とうがらし……10～20枚
にんにく（みじん切り）……1かけ
ごま油……大さじ1
A［酒大さじ1　薄口しょうゆ小さじ1　豆板醤(トウバンジャン)小さじ1/2］

[切る 湯がく]
❶いんげんは4～5cm長さになるように斜め切りにする。葉とうがらしはザクザクと4～5cm長さに切る。いんげんはサッとゆでておく。

炒め煮する

❷厚手の鍋にごま油とにんにくを入れ、中火にかける。焦がさないように炒めて香りを出す。
❸②にいんげん、葉とうがらしを加えてザッと炒めて一度火を止め、Aを加えて再び中火にかけ、全体がしんなりするまで炒め煮する。

MEMO✚葉とうがらしが出回るのは、夏のほんの短い間だけ。手に入らないときは赤とうがらしの輪切りで辛味を加えても。

うどの酢みそあえ (はやい)

うどといえば、この一品

材料

うど……20cm（正味50g）
酢みそ［みそ・みりん・酢各大さじ１　砂糖小さじ１］

切る 湯がく

❶うどは5cm長さに切り、厚めに皮をむいて短冊に切り、水に5分さらして水けをきる。皮はきんぴらに（p.24参照）。湯を沸かし、うどをサッとゆでてざるに上げる。

仕上げる

❷酢みその調味料を合わせる。
❸①のうどを器に盛りつけ、酢みそをかける。

うどの皮のきんぴら

もう皮は捨てられない、一度食べてみて!

[材料] (作りやすい分量)
うどの皮・穂先……大1本分 (150g)
ごま油……大さじ1
A [しょうゆ・砂糖各大さじ1]
いりごま (白) ……大さじ1

[切る 湯がく]

❶うどの皮と穂先は5cm長さに切り、皮は7〜8mm幅に裂く。これを水に10分くらいさらして水けをきる。湯を沸かし、うどをさっと湯がいて水けをきる。

[炒める]

❷鍋を熱してごま油を入れ、うどを一度に入れて強火でザッザッと炒める。

❸うどが少ししんなりしてきたら、いったん火を止めてAを加え、再び強めの火にかけ、水分をとばすように炒める。食べてみて好みの歯ごたえで火を止め、いりごまをふる。

MEMO✚香りと歯ごたえが大事。でき上がったら、すぐ器に移すのがおいしさのコツです。

オクラと桜えびの炒め物

彩りも美しい、簡単レシピ

[材料]
オクラ……1パック（10本）
桜えび（乾）……大さじ2
ごま油……小さじ2
塩……小さじ1/4弱
こしょう……少々

[切る]
❶オクラはヘタを切り落とし、長さを斜め半分に切る。

[炒める]
❷フライパンを熱してごま油をなじませ、オクラを入れて全体に油が回るまで中火で炒める。桜えびも加えて、ザッと炒める。
❸水大さじ2（分量外）をふり入れ、塩、こしょうをふり、ほとんど水けがなくなるまで桜えびを焦がさないように炒める。

かぶのあちゃら漬け

柑橘類の香りと昆布のうまみを加えた簡単甘酢漬け

[材料] (作りやすい分量)
かぶ……3個（300g）
かぶの葉……少々
塩……小さじ1/2
A［米酢大さじ1　砂糖小さじ1　赤とうがらし1本］
柑橘類の絞り汁（あれば）……小さじ1
昆布……10cm角

[切る]

❶かぶは葉を切り落として皮ごと薄い輪切りにする。大きければ縦半分に切ってから薄切りにする。葉も少量細かく刻んで青みとして加える。ボウルにかぶと葉を入れ、塩をふって混ぜ合わせ、30分おいておく。赤とうがらしはヘタと種を除く。

[仕上げる]

❷Aを混ぜ合わせておく。昆布は水でサッと洗う。
❸①のかぶがしんなりしたら、A、柑橘の汁、昆布も加えて混ぜる。冷蔵庫に入れて一晩おくと味がなじんでおいしい。

MEMO✚冷蔵庫に入れておけば3～4日おいしく食べられます。かぶが安いときに、チャチャッと作ってみてください。食べるときにその日の気分でゆずやすだちなどを加えると、違った風味になり、飽きません。昆布も細かく刻めば、残らず食べられます。

かぶと鶏のコトコト煮

青い葉も残さずに、丸ごと使いきって

[材料]
鶏手羽元(ウイングスティック)……4本(250g)
A[しょうゆ・みりん・酒各大さじ1 1/2]
かぶ……4個(400g)
かぶの葉……2個分(200g)

[切る 下ゆでする]

❶かぶは皮ごと縦二つに切る。たっぷりの湯を沸かし、かぶの葉をサッとゆでて水けをきり、粗熱が取れたら4cm長さに切る。

❷再び湯が沸いたら鶏手羽元を熱湯でサッとゆでておく。

[煮る]

❸鍋にAと手羽元を入れ、水1/2カップ(分量外)を加え、ふたをして強めの中火にかけ、煮立ったら火を弱め10〜15分くらい煮る。

❹③にかぶを加え、水1/2カップ(分量外)を足し、ふたをして弱めの中火で、かぶがやわらかくなるまで10〜15分くらい煮る。

❺仕上がりぎわにかぶの葉を加え、ふたをして2〜3分煮てでき上がり。

かぼちゃの煮物

皮を下にして重ねないで煮るのがポイント

(材料)

かぼちゃ……1/6個（250〜300g）
A［砂糖・みりん・酒・しょうゆ各小さじ2］
水……1 1/2カップ

(切る)

❶かぼちゃは種とわたをスプーンで取り、ところどころ皮をむいて2〜3cm角に切る。

(煮る)

❷鍋の中をサッと水でぬらして、かぼちゃの皮を下にして並べ、分量の水（かぼちゃの頭が少し見え隠れするくらいヒタヒタの水）とAを加えてふたをし、強めの中火にかける。
❸煮立ってきたら中火に落とし、8分くらい煮る。竹串を刺してスッと入るのが目安。火を止めて、そのまま余熱で味を含ませる。

かぼちゃのサラダ

ドレッシングであえて。アツアツでも冷やしても

(材料)

かぼちゃ……1/8個（200〜250g）
A［塩小さじ1/4　こしょう少々
　米酢・オリーブ油各大さじ1/2　レーズン大さじ1］

(切る)

❶かぼちゃは種とわたをスプーンで取り、5mm厚さくらいの薄切りにする。

(あえる)

❷ボウルにAを記載順に混ぜ合わせ、レーズン入りドレッシングを作る。

❸かぼちゃは熱湯でややかためにゆで、水けをきり、温かいうちにドレッシングであえる。

きのこの酒蒸し (はやい)

数種類のきのこを合わせて、深い味わいに

[材料]
生しいたけ、しめじ、えのきだけなど
　……各50g（合わせて150g）
塩……小さじ1/4弱
日本酒……大さじ1
すだち（半分に切る）……1個
しょうゆ……少々

[切る]
❶きのこは石づきの汚れた部分だけ切り落とし、食べやすい大きさに切るかほぐす。

[煮る]
❷鍋の中を水でサッとぬらし、きのこを入れて表面を平らにし、塩を全体にふって酒を回しかける。
❸ふたをして強めの中火にかけて、ワーッと湯気が立ったら、ザッと混ぜて再びふたをする。一呼吸おいて火を止めて、すぐに器に盛る。
❹すだちを絞り、しょうゆをかけて食べる。

MEMO✚きのこなら、なんでもOK。まいたけ、ひらたけなどもおいしいですよ。きのこは水で洗いすぎると、風味が損なわれるので気をつけて。洗わなくてもよいとされますが、どうしても洗いたい人は、ほぐしたり、切ったりする前にザブザブとため水で大急ぎで洗ったらすぐにざるに上げ、このあと半日くらい干すとなおベストです。すだちの代わりに、かぼすでも美味。

野菜

キャロットサラダ

せん切りが苦手なら スライサーでチャチャッと

[材料]

にんじん……1本(150g)
A [塩小さじ1/4弱　砂糖・こしょう各少々
　米酢・オリーブ油各小さじ2]

[切る]

❶にんじんは皮をむき、斜めに薄切りにしてから、端からせん切りにする。せん切りスライサーを使ってもよい。

[あえる]

❷ボウルにAを混ぜ合わせてドレッシングを作る。
❸①のにんじんをドレッシングに2~3回に分けて加えてあえる。

MEMO✜パセリや貝割れ菜を散らしても、彩りがきれいなサラダに。

きゅうりもみ (はやい)

**塩でもまずに、
塩水につけるほうがずっとおいしい**

野菜

[材料]

きゅうり……1本
A [塩小さじ1　水1カップ]
青じそ……2枚
合わせ酢 [砂糖小さじ1/2　米酢大さじ1/2]

[切る]

❶ボウルにAを合わせ、塩水を作り、きゅうりは薄い輪切りにする。すぐに塩水に30分つける。
❷青じそは縦半分に切ってせん切りにし、①に加える。

[あえる]

❸②を全体に混ぜてから、ざるに上げる。両手でギューッと水けを絞る。
❹ボウルに合わせ酢を混ぜ合わせ、③を加えてあえ、器に盛りつける。

きゅうりと豚肉の炒め物

きゅうりは炒めてもおいしい

[材料]

きゅうり……1本
豚薄切り肉（食べやすい大きさに切る）……100g
ピーマン……1個
ザーサイ……1片（20g）
ごま油……大さじ1/2
湯……1/2カップ
塩……小さじ1/2弱
こしょう……少々
水溶き片栗粉［片栗粉・水各小さじ1］

[切る]

❶きゅうりは縞状に皮を薄くむき、縦二つに切って2mm厚さくらいの斜め薄切りにする。ピーマンは縦二つに切って種を除き、斜めに細切りにする。ザーサイはせん切りにしてサッと水洗いして水けをきる。

[炒める]

❷フライパンか中華鍋を熱してごま油を入れ、豚肉、ザーサイ、きゅうり、ピーマンの順に入れて強火で炒める。
❸全体にごま油が回ったら湯を加える。強火にして煮立て、豚肉に完全に火が通ったら塩、こしょうで味を調える。
❹フツフツしているところに水溶き片栗粉を加え、とろみをつける。再びフツフツしてきたら、火を止める。

MEMO✚豚肉はお好みの部位でOKですが、肩ロースはコクがあっておすすめ。

切り干し大根の煮つけ

下ごしらえに時間をかけて、
たまにはおふくろの味

野菜

[材料]（作りやすい分量）
切り干し大根（乾）……1カップ（20g）
油揚げ……1/2枚
サラダ油……小さじ2
A［だし1カップ　砂糖小さじ1　しょうゆ・酒各大さじ1］

下ゆでする 切る

❶切り干し大根は水でよく洗い、大きめの鍋に入れてたっぷりの水を加え、30分ほどつけておく。つけ汁ごと約10〜20分ほどよいかたさにゆで、ざるにとって水けをきる。
❷粗熱が取れたら、食べやすい長さに切る。油揚げは縦に二つに切ってから、5mm幅の細切りにする。

煮る

❸鍋にサラダ油を熱し、切り干し大根を入れてよく炒め、油揚げを加えてザッと炒める。Aを記載順に加え、ふたをして約10分間中火で煮含める。

MEMO✚近頃の切り干し大根って、昔みたいに天日でカラカラになるまで干してないせいか、早く戻るようになりました。とはいえ、煮るまでの下ごしらえをていねいにしておくと、やっぱり仕上がりが違って味がよくなります。

紅白松前漬け

おめでたい昆布とするめを
たっぷり加えて漬け込む

[材料]（作りやすい分量）
松前漬けの素（市販品）……30g
大根・にんじん……各3cm
A［酒・しょうゆ各大さじ2　みりん・米酢各小さじ1］

[切る]
①松前漬けの素はサッと水洗いし、水けをきる。
②大根とにんじんは薄い輪切りにしてからせん切りにする。

[漬ける]
③Aを合わせて容器に入れ、②の大根、にんじんの順に加えてよく混ぜる。
④③の水けが少し出てきたら、①を加えて混ぜる。2～3日したら食べられる。冷蔵庫で保存。

MEMO✤夏なら1週間、冬は2週間以内に食べきること。松前とは、昔の北海道の松前藩のこと。この地方の名産だった昆布とするめをたっぷり使った漬物なので、この名があるそうです。昆布もするめもおめでたい食品。この松前漬けは、それに紅白の大根とにんじんを加えるので、お正月のおせちの箸休めにもぴったり。
市販の松前漬けの素は、昆布やするめが細く切り揃えてあるのでとても便利。松前漬けの素を加えたらグルグルかき混ぜないで、静かに箸でほぐし混ぜること。勢いよくかき混ぜすぎると昆布から泡が出ておいしくなくなります。

グリンピースのひすい煮

**ほんのり甘い、汁ごと味わう関西の煮物!
おやつにもどうぞ**

[材料]
グリンピース(豆のみ)……1/2カップ
水……11/4カップ(250ml)
A[砂糖大さじ1　塩1つまみ　薄口しょうゆ小さじ1/4]

[煮る]
❶鍋にグリンピース、水、Aをすべて入れ、火にかける。フツフツしてきたら、ふたをして弱火にし、グリンピースがやわらかくなるまで15〜20分じっくり煮る。そのまま冷まし、余熱で味を含ませる。
❷汁ごと器に盛りつけ、スプーンですくって食べる。

MEMO✚薄味で豆の素材そのものの味をたっぷり楽しむ料理。ほんのり甘いので、おやつ代わりにも。冷たく冷やして食べてもまたおいしい。甘さは好みで増減します。

コールスローサラダ
ドレッシング味

いくらでも食べられる、さっぱり味で簡単

[材料]

キャベツ……1/8個（200g）
玉ねぎ……小1/4個（40g）
にんじん……2cm
A [塩小さじ1/4　こしょう・砂糖各少々
　マスタード小さじ1/2　米酢小さじ2　サラダ油大さじ1]

[切る]

❶玉ねぎはみじん切り、にんじんは薄切りにしてからせん切りにする。キャベツもせん切りにする。

[あえる]

❷Aのドレッシングを記載順にボウルに入れて混ぜ、玉ねぎ、にんじん、キャベツの順に加えてあえる。

コールスローサラダ
マヨネーズ味

残ったら、翌日パンにのせて食べよう

[材料]

キャベツ……1/8個（200g）
セロリ……5cm
にんじん……2cm
塩……2つまみ
こしょう……少々
マヨネーズ……大さじ1

[切る]

❶セロリとにんじんはみじん切り、キャベツはせん切りに。

あえる

❷ボウルにセロリ、にんじん、キャベツを入れ、塩とこしょうを加えてざっと混ぜ合わせ、10分おく。
❸全体がしんなりしたら、マネヨーズを加えて味を調える。

コーンキャベツ (はやい)

パンにとってもよく合う簡単レシピ

[材料]

新キャベツ……1/4個（200g）
ホールコーン缶詰……1/2缶（90〜100g）
固形スープの素……1/2個
塩・こしょう……各少々

切る

❶キャベツは3〜4cm角にザク切りにする。

煮る

❷鍋の中をサッと水でぬらし、コーン、水1/4カップ（分量外）、固形スープの素をくだいて入れ、塩、こしょうも加える。
❸キャベツのざく切りをその上にのせ、ギュッと手で平均に押さえてからふたをし、強火で5〜6分煮る。
❹煮上がったら全体をよく混ぜ、味をみて調える。

粉ふき芋

洋食のつけ合わせに欠かせない

[材料]
じゃが芋……小2個 (200g)
水……1〜1 1/2カップ
塩……1つまみ

[切る]
❶じゃが芋は一口大に切る。

[ゆでる]
❷鍋にじゃが芋、分量の水を入れ、ふたをして強めの中火にかけ、竹串がスッと通るようになるまで10分ほどゆでる。
❸ふたをあけ、中火にして完全に水けをとばす。塩をふり、鍋にふたをして揺すり、じゃが芋に粉をふかせる。

MEMO✛じゃが芋に粉をふかせるためには、芋は切ったあと水にさらさないことと、ゆでるときに塩を入れないこと。この二つが大事なポイント。【ゆでる】❸で、ふたをあけたとき、すごくゆで汁が残っていたら、ゆで汁はきる。この場合は水を入れすぎです。水が多すぎると、煮くずれてしまうので注意。

小松菜のからしあえ (はやい)

ツンとくるくらい辛いのがおいしい

[材料]
小松菜……1/2ワ (150g)
からしじょうゆ [溶きがらし・砂糖各小さじ1/4
　薄口しょうゆ小さじ1]

[ゆでる 切る]
❶湯を沸かし、塩少々 (分量外) を加えて小松菜をほどよいかたさにゆでる。ざるに上げて水けをきり、冷めたら軽く絞って3cm長さに切る。

あえる

❷ボウルにからしじょうゆの調味料を入れて混ぜ、小松菜を2〜3回に分けて加えてあえる。

MEMO✚露地(ろじ)ものや昔ながらの小松菜が手に入った場合は、根元に土がしっかりついているので、ゆでたあと、水でザブザブ洗ってください。

小松菜の煮浸し はやい

昭和の味をもっと食卓へ

材料

小松菜……1/2ワ（150g）
油揚げ……1/2枚
煮干し……4尾
水……1カップ
A［みりん小さじ1　酒・しょうゆ各小さじ2］

切る

❶煮干しは頭とはらわたを取る。小松菜は3cm長さに切る。
❷油揚げは湯で洗って水けを絞り、縦に二つに切ってから1cm幅に切る。

煮る

❸鍋に煮干しと水、小松菜、油揚げ、Aを入れ、ふたをして強めの中火にかける。フツフツしてきたら中火にして5分ほど煮る。

MEMO✚昔は小松菜もアクを抜くために、下ゆでしてから煮たものですが、最近の小松菜はそのままで大丈夫。薄口しょうゆを使う場合は、塩分が多いので少々減らします。

根菜の煮物

しみじみうまい！　日本の味
材料は下ゆでするのがコツ

[材料]

れんこん……小1節 (150g)
ごぼう……15cm (50g)
にんじん……1/2本 (70〜80g)
こんにゃく……1/2枚 (100g)
ごま油……大さじ1/2
A [砂糖大さじ1/2　酒・しょうゆ・みりん各大さじ1]
水……1 1/2カップ

[切る]

❶れんこんは縦半分に切ってから5mm厚さの半月切りにし、水洗いして穴をきれいにする。
❷ごぼうは皮をたわしでゴシゴシと洗って乱切りにし、すぐに水にさらして5分おく。
❸にんじんは乱切りにする。こんにゃくはスプーンで一口大にこそぐようにしてちぎる。

[下ゆでする　煮る]

❹鍋にごぼうとれんこんを入れ、かぶるくらいの水 (分量外) を加えて中火にかける。煮立ったらこんにゃくとにんじんを加え、再び煮立ったらざるに上げて水けをきる。
❺鍋を火にかけてごま油で下ゆでした❹の材料を炒め、Aを加えてひと混ぜする。そのあと分量の水を加え、表面を平らにならし、ふたをして強めの中火で10分くらい煮る。ときどき木ベラで上下を返し、汁けがほぼなくなるまで煮る。

里芋とこんにゃくの田楽 (ゆったり)

とろりと練った甘みそを
たっぷりとつけてどうぞ

[材料]
里芋……4個（250g）
こんにゃく……1枚（250g）
酒……大さじ1
A［みそ大さじ2　みりん・砂糖・酒各大さじ1
　水1/4カップ］

皮をむく 切る 竹串に刺す

❶里芋は鍋に入れ、ヒタヒタに水（分量外）を加えてふたをして強めの中火にかける。沸騰して2〜3分したら水にとり、粗熱を取って皮をむく。
❷こんにゃくは串に刺しやすいように四つか六つ切りの長方形か三角形に切る。こんにゃくと里芋を竹串に1個ずつ刺す。

煮る

❸土鍋に八分目くらいの湯（分量外）を沸かし、酒を加えて里芋とこんにゃくを入れ、中に火が通るまで弱めの中火で煮る。
❹煮ている間に練りみそを作る。小鍋の中を水でぬらし、Aの練りみその材料を混ぜ合わせて中火にかけ、全体に火が通るまで練る。仕上がりぎわにしょうゆ少々（分量外）を落とす。
❺③のこんにゃく、里芋に④の練りみそをつけながら食べる。

MEMO✚練りみそに、ゆずの皮をすりおろして混ぜてもおいしい。みそは好みのものを使って。白みそを使う場合は甘みがあるので、みりんと砂糖を控えます。
串はふつうの竹串でもOKですが、田楽用の竹串はすべり落ちにくい仕様になっているのでおすすめ。

野菜

里芋と牛肉の煮つけ

肉じゃがだけにあらず。
里芋と肉の相性のよさを試してみて

[材料]
里芋……4～6個（300g）
牛薄切り肉……100g
しめじ……1/2パック
A［砂糖・酒・みりん各大さじ1/2　しょうゆ大さじ1］
水……1カップ

[切る]
❶里芋は皮をむく。大きければ二つ～三つに切る。牛肉は6cm長さに切る。
❷しめじは石づきを切り落とし、小房に分ける。

[煮る]
❸鍋にAと牛薄切り肉を入れて強めの中火にかける。フツフツしてきたらほぐして5分煮る。
❹牛肉にしっかり味がついたら、里芋と分量の水を加え、弱めの中火で里芋がやわらかくなるまでふたをして15分くらい煮る。途中で一度上下を返し、煮汁が少なくなったら湯（分量外）を足すようにする。
❺竹串を刺してみてスーッと通ればしめじを加えてふたをする。一煮立ちさせて火を止める。

MEMO✤里芋の皮をむくと手がかゆくなる人は、皮ごとサッとゆでてからむくと、手のかゆみが少なくなります。牛肉は、なるべくほぐして加える。

干ししいたけの甘辛煮

照りよくゆっくり煮含めて、用途は多彩

[材料]（作りやすい分量）
干ししいたけ……10枚
ごま油……大さじ1
A［砂糖・みりん・酒・しょうゆ各大さじ1　戻し汁1カップ］

[戻す]
❶干ししいたけは水かぬるま湯で戻して軸を切り落とす。戻し汁はとっておく。

[煮る]
❷鍋にごま油を熱し、しいたけを焦がさないように中火で焼きつける。全体がアツアツになったら火を止め、Aを記載順に加えてふたをし、弱めの中火で15分くらい煮含める。

MEMO✚このレシピは、ご飯やうどんの上にのせたり、お弁当のおかずや刻んでちらしずしに混ぜたりと用途が多いので、覚えておくととても便利。冷凍保存も可能。3週間くらいを目途に食べきります。

野菜

ジャーマンポテトサラダ

カリカリベーコンとアツアツポテトで食べる

[材料]

じゃが芋……2個(250g)
玉ねぎ……小1/4個(40g)
ベーコン……2枚(40g)
サラダ油またはオリーブ油……小さじ1/2
ドレッシング[塩・マスタード各小さじ1/4
　こしょう少々　米酢小さじ2　オリーブ油大さじ1]

[切る ゆでる]

❶じゃが芋は一口大に切る。玉ねぎは繊維に沿って薄切りにする。
❷ベーコンは1cm幅に切る。
❸鍋にじゃが芋を入れ、ヒタヒタの水を加えてふたをしてゆでる。竹串を刺してスーッと通ったら、中火にかけて余分な水分をとばし、粉ふきにする(p.38参照)。

[炒める あえる]

❹油をひいたフライパンにベーコンを入れ、弱めの中火にかけてカリカリに炒め、紙タオルにとって油をきる。
❺ボウルにドレッシングの材料を合わせ、玉ねぎを加える。③のじゃが芋がアツアツのうちにボウルにあけてドレッシングをからめ、④のベーコンを混ぜる。

MEMO✚アツアツのうちにドレッシングをからめるタイプのサラダ。カリカリベーコンが味のアクセントです。

多宝菜

冷蔵庫の食材を一掃したいときに

[材料]
豚薄切り肉……50g
干ししいたけ……2枚
にんじん……2cm
ゆでたけのこ……50g
セロリ……10cm
玉ねぎ……1/4個
キャベツ……2〜3枚
ピーマン……1個
ちくわ……1本
ごま油……大さじ1
塩……小さじ1/2弱
A［酒大さじ1/2　戻し汁3/4カップ］
水溶き片栗粉［片栗粉・水各小さじ2］
B［こしょう少々　ごま油小さじ1/2
　紅しょうが（せん切り）大さじ1］

[戻す 切る]

❶干ししいたけは水かぬるま湯で戻して軸を切り取り、1cm幅に切る。

❷にんじん、たけのこ、セロリは薄切り、玉ねぎ、ピーマンは1cm幅に切る。キャベツは一口大のザク切りにする。ちくわは1cm幅の斜め切りにし、豚肉は5cm長さに切る。

[炒める]

❸中華鍋にごま油を熱し、豚肉、しいたけ、にんじんを入れて炒め、残りの野菜を加えてすぐに塩をふり、炒める。火はずっと強火。

❹火が通ったら、Aとちくわを加えて煮立て、水溶き片栗粉を加えてとろみをつけ、火を止めてBを加えて混ぜる。

MEMO✤あり合わせでおいしく作れるのがこの料理。野菜や肉の種類も、あるものを好きな量だけ使ってください。

春菊の柑橘酢（はやい）

フレッシュな酸味を
たっぷりときかせたお浸し

[材料]

春菊……1/2ワ（100g）
塩……少々
柑橘類（かぼす、すだち、レモンなど）……適量
しょうゆ……小さじ1

[ゆでる]

❶春菊は茎のかたいところを2cmくらい切り落とす。湯を沸かし塩を加えサッとゆで、ざるに上げ、広げて冷ます。

[切る]

❷春菊は、水けをごく軽く絞って3cm長さに切る。器に盛りつけて好みの柑橘類を絞り、しょうゆをかけて食べる。

MEMO✚香りよく仕上げるためには、ゆで上がったらすぐざるにとって広げ、うちわであおいだり、扇風機の風を使ったりして素早く冷まします。こうすると、ほとんど絞る必要がないくらい水けが取れるんです。春菊はゆでたあと水にさらさないほうがおいしい。

春菊のごまあえ

ゆでたら水に入れずに、冷ますのがコツ

[材料]
春菊……1/2ワ（100g）
塩……少々
いりごま（白）……大さじ3
A［砂糖大さじ1/2　しょうゆ大さじ1　酒小さじ1］

[ゆでる 切る]

❶春菊は茎のかたいところを1〜2cm切り落とす。湯を沸かし塩を加えてサッとゆで、ざるに上げ、広げて冷ます。
❷ゆでた春菊は揃えてごく軽く絞り、3cm長さに切る。

[あえる]

❸いりごまはすり鉢でよくすりつぶし、ねっとりしてきたらAを混ぜる。
❹食べる直前に③に春菊を加えてあえる。

MEMO✚すり鉢のない人は、すりごま（大さじ2）に練りごま（小さじ2）を足して作ればOK。

野菜

しょうがなす

色のきれいな揚げなすをしょうが風味で

[材料]

なす……3個（250g）
塩……少々
しょうが（すりおろす）……小さじ1
しょうゆ……大さじ2
揚げ油……適量

[切る]

❶なすはヘタを落として皮を縦に縞にむき、縦二つに切って海水くらいの塩水（水3カップ 塩大さじ1）に5〜10分さらす。水けをよくふく。
❷器に、おろししょうがとしょうゆを混ぜ合わせる。

[揚げる]

❸揚げ油を中温（180℃）に熱し、なすの皮を下にして入れる。途中で裏返し、竹串がスーッと通るようになったら油をよくきり、すぐ②に入れ、味をからめる。

MEMO➕しょうがは皮ごとすりおろすと、ピリッして香り満点。

食用菊のお浸し (はやい)

湯を沸かしたら、
酢を入れてゆでるのがコツ

野菜

[材料]（作りやすい分量）
食用菊……1パック（100g）
しょうゆ・米酢……各少々
だし……適量

[花びらを摘む]

❶食用菊は花びらを摘む。中心にあるガクは苦みがあるので除く。食用菊は買ってきたら、花びらだけをすぐに摘み取っておくといたみにくい。

[ゆでる]

❷鍋に湯を沸かし、酢小さじ1（分量外）を加え、食用菊を入れる。浮いてくるのを箸で押さえ、上下を返しながらゆでる。
❸鍋の湯がワーッとふいてきたら、すぐに火を止め、ざるに上げ、冷水にザッとさらして水けをきる。
❹しょうゆとだしを1：3の割合で合わせてかけ、酢もちょっとかけて食べる。

MEMO✚菊の花のおいしさは、ゆで方にあり。湯が沸き立ったところで酢を入れてサッとゆで、素早くざるに上げ、水にザッとさらす。シャキシャキッとして、口の中でパーッと広がる香り。食用菊のなかでは、黄菊より「もってのほか」という名前がついた薄紫色の菊のほうが食べやすいのでおすすめ。ゆでた春菊やきのこ合わせてお浸しや酢の物にしても。

新じゃがの揚げ煮

**皮つきのまま料理できる
新じゃがならではのレシピ**

[材料]

新じゃが芋……250g
鶏もも肉……1/2枚（約150g）
A［砂糖・みりん各大さじ1/2　しょうゆ大さじ1］
揚げ油……適量

[切る]

❶新じゃが芋はよく洗い、皮つきのまま、小さいものはそのまま、大きければ二つ〜四つに切る。鶏もも肉は黄色い脂を取り、一口大に切って水けをふく。

[揚げる　煮る]

❷揚げ油を高めの中温（180℃）に熱し、じゃが芋を入れて表面がきつね色になるまで揚げる（中まで火を通さなくてよい）。
❸鍋にAを中火で煮立て、鶏肉を入れて5分煮る。
❹③に②の揚げたじゃが芋、ヒタヒタの水（1〜1 1/2カップ分量外）を加えて中火でじゃが芋に火が通るまでふたをして7〜8分煮る（途中で一度、しゃもじなどで上下を返す）。

スイートトマトサラダ

**はちみつ入りドレッシングを
かけたらよ〜く冷やして**

[材料]
完熟トマト……2個（400g）
玉ねぎ（みじん切り）……大さじ山盛り2
ドレッシング［米酢・はちみつ各大さじ1/2］
塩……1つまみ

[湯むきして切る]

❶トマトは皮を湯むき（熱湯に8秒ほど入れてすぐ冷水にとり、皮をつるりとむく）し、大きければ縦半分に切ってから、1cm幅に切る。

[仕上げる]

❷器にトマトを並べ、塩をパラパラッとふり、玉ねぎを上に散らす。
❸酢とはちみつを混ぜ、②にかける。このまま冷蔵庫でよく冷やすと最高の味に仕上がる。

野菜

セロリのナンプラー炒め

辛くてすっぱい味がたまらない

[材料]
セロリ（葉つき）……1本（100g）
豚ひき肉……100g
赤とうがらし……1～2本
A［酒・水・レモン汁各大さじ1　塩小さじ1/4弱
　ナンプラー大さじ1/2］

[切る]
❶セロリは筋を取って斜め薄切りにし、葉は細かく刻む。赤とうがらしはヘタと種を除く。

[煮炒めする]
❷中華鍋に赤とうがらしとAを入れて、中火にかける。煮立ってきたら豚ひき肉を入れ、木ベラで手早く混ぜてほぐす。
❸②にセロリと葉を加え、いりつけながら汁けがほとんどなくなるまで炒めるように煮る。火を止めたら、すぐに器に盛りつける。

MEMO✚ナンプラーは、タイ料理に欠かせない調味料。別名フィッシュソースともいわれ、魚の塩漬けから作られるしょうゆです。秋田県のしょっつる、ベトナムのニョクマムも似ていて、炒め物、スープ、焼きそば、チャーハンなど幅広く使われます。

ぜんまいとせりの炒め物 (はやい)

覚えてほしい市販の水煮で作る
おばあちゃんの煮物

[材料]（作りやすい分量）
ぜんまい水煮……150g
せり……1ワ（100g）
ごま油……小さじ2
A［しょうゆ大さじ1　砂糖小さじ1］
削り節……1袋（4g）

[切る]
❶ぜんまいはよく洗って4cm長さに切る。せりは1cm長さに切る。

[炒め煮する]
❷鍋にごま油を熱し、ぜんまいを強めの中火で炒める。全体に火が通ったら、せりを加え、Aで調味して4〜5分煮る。
❸仕上げに細かく手でもんだ削り節を加え、ひと混ぜしたらふたをして火を止める。そのまま冷ます。

MEMO✚ぜんまいの水煮は水できれいに洗ってから作ってください。せりは下ゆでせず、生のまま使うのが風味を生かすコツ。この料理は余熱で味をしみ込ませてから食べるのが美味。

そら豆のごまあえ

そら豆が出回ったら、香ばしいあえ衣で

[材料]
そら豆(さやつき)……250〜300g
油揚げ……1/2枚
A [すりごま(白)大さじ2
　薄口しょうゆ・みりん各大さじ1/2]

[ゆでる 焼く]
❶そら豆はさやから出し、塩少々(分量外)を入れた熱湯でゆで、粗熱が取れたら薄皮をむく。
❷油揚げは湯で洗い水けを絞り、オーブントースターで2〜3分パリッと焼く。縦二つに切ってから7〜8mm幅の細切りにする。

[あえる]
❸ボウルかすり鉢にAを記載順に加えてゴムベラかすりこ木ですり混ぜる。
❹③に①のそら豆、②の油揚げの順に加えてあえる。

大学芋

懐かしい味!　さつま芋のおやつ

[材料](作りやすい分量)
さつま芋……中1本(200gくらい)
揚げ油……適量
A [砂糖大さじ4　水大さじ2　しょうゆ小さじ1]
いりごま(黒)……小さじ1

[切る]
❶さつま芋はよく洗って皮ごと大きめの一口大の乱切りにし、すぐ海水くらいの塩水(分量外)に放つ。10分ほどアク抜きしたら、ふきんなどで水けをふく。

揚げる からめる

❷揚げ油を火にかけ、低めの温度からさつま芋を入れ、だんだん温度を上げて中温（180℃）でカラッと揚げる。
❸鍋にAを合わせて火にかけ、煮詰める。
❹③がとろりとしてきたら火を止め、すぐに揚げたてのさつま芋を加えてからめ、いりごまをふる。

大根皮のしょうゆきんぴら

皮も捨てずにもう一品

材料 （作りやすい分量）
大根の皮……1/2本分（100g）
赤とうがらし……1本
ごま油……大さじ1
しょうゆ……小さじ2

切る
❶大根の皮は1cm幅で、食べやすい長さに切る。赤とうがらしはヘタと種を除く。

炒める
❷鍋にごま油と赤とうがらしを入れ、油が温まらないうちに中火で炒める。
❸赤とうがらしの香りが立ってきたら、強火にして①の大根の皮を加え炒める。しんなりしたら、しょうゆを加え、火を弱め、汁けがなくなるまで炒める。すぐ器に移す。

MEMO✛大根の皮をきんぴらにするときは、皮むき器でツツーッとむいてしまいます。皮を長く何本もむき、それを1cm幅の斜め切りに。これなら手間なく皮が切り揃えられます。

大根のしんなりサラダ

**シャキシャキとはひと味違う、
口あたり**

[材料]

大根……6〜7cm（300g）
塩……小さじ1/4
ハム……1枚
A［レモン汁大さじ1/2　マヨネーズ大さじ1］

[切る]

❶大根は薄い輪切りにしてせん切りにする。ハムは半分に切って細切りにする。

[あえる]

❷大根はボウルに入れて塩をふり、箸でササッと混ぜて10分おく。しんなりしたらざるにあけ、自然に水けをきる。
❸ボウルにAを混ぜて大根とハムを加えてあえる。

たけのこの木の芽あえ

**香りが引き立つ
旬の素材を合わせて**

[材料]

新ゆでたけのこ……小1本（150g）
A［だし1 1/4カップ　みりん1/4カップ　酒大さじ2
　薄口しょうゆ大さじ1/2］
B［木の芽25枚くらい　みそ・みりん各大さじ1/2
　砂糖小さじ1/2］

[切って煮る]

❶たけのこは5mm厚さのいちょう切りにする。
❷鍋にAを入れて煮立て、たけのこを加えてふたをし、弱めの中火で10分くらい煮る。煮汁につけたまま冷ます。

> あえる

❸Bの木の芽をすり鉢に入れてすりこ木でよくすり、みそ、砂糖、みりんと1種類ずつ加えてそのつどよくすり混ぜ、なめらかな木の芽みそを作る。
❹たけのこがすっかり冷めたら、汁けをきり、食べる直前に③の木の芽みそに加えてあえる。

MEMO✚たけのこは煮たあと、一晩冷蔵庫におき、味をよくしみ込ませてからあえると、味としてはパーフェクト！

たたききゅうり

熱湯でサッとゆでると色鮮やかな緑色に

> 材料 (作りやすい分量)

きゅうり……4本
しょうが（薄切り）……6〜8枚
A［しょうゆ1/4カップ　米酢大さじ1　ラー油小さじ1/2］

> たたいてちぎる

❶きゅうりはすりこ木などで軽くたたいて割れ目を入れ、手で一口大にちぎる。

> ゆでて漬ける

❷薄切りにしたしょうがはAと合わせておく。
❸湯を沸かし、きゅうりを入れ、鮮やかな緑色になったら手早くざるにとって、水けをきり、②に漬け込む。20分ほどで食べられるが、一晩冷蔵庫に入れておくと味がよくしみておいしい。

たたきごぼう

すりたてのごまの香りが決め手!

材料 (作りやすい分量)
ごぼう……1本 (100g)
酢……少々
すりごま(白)……大さじ4
A [米酢大さじ1　塩小さじ1/2　砂糖小さじ1~3]
しょうゆ……少々

切る ゆでる

❶ごぼうは皮をゴシゴシ洗い、5cm長さに切り、鉛筆くらいの太さに切って、5~10分水にさらす。

❷①のごぼうを鍋に入れ、水をかぶるくらい加え、酢少々を加えて火にかける。沸騰したら5分ほどそのままゆでる。少し歯ごたえが残るくらいにゆで上がったら、ざるに上げて水けをきる。

たたく あえる

❸すり鉢かボウルにすりごまを入れ、Aを加えてよくすり混ぜる。

❹②のごぼうをまな板にのせて、飛ばないように、すりこ木でたたいてから③であえる。味をみて足りなければ、最後にしょうゆで味を調える。

MEMO✚ゆでたごぼうをたたくと繊維がこわれ、味がからみやすい。
本格的にすり鉢でごまをする人は、いりごま(白)1/2カップ弱をよくすって使います。

玉ねぎのお浸し (はやい)

サッとゆでると、甘みが出てうまい

[材料]
玉ねぎ……1個 (200g)
削り節……1/2袋 (2g)
しょうゆ……小さじ1/2〜1

[切る]
❶玉ねぎは縦半分に切り、繊維に沿って薄切りにする。

[ゆでる]
❷湯を沸かし玉ねぎを入れ、サッとゆでてすぐに引き上げ、ざるに広げて冷ます。自然に水けをきる。
❸②を絞らずに器に入れ、削り節を天盛りし、しょうゆをかける。好みで酢 (分量外) を少々かけてもおいしい。

玉ねぎのピリピリ漬け

カレーライスの薬味にもおすすめ

[材料] (作りやすい分量)
玉ねぎ……大1個 (300g)
塩……小さじ1/2
米酢……大さじ1〜2
カレー粉……小さじ1/2〜1

[切る]
❶玉ねぎは縦半分に切り、繊維に沿って薄切りにする。

[漬ける]
❷ボウルに玉ねぎを入れ、塩をふり、箸でササッと混ぜる。
❸シナッとしたら、酢とカレー粉を加えて混ぜ、皿2〜3枚をのせて軽く重石をする。30分したら重石を取り、保存は冷蔵庫で、4〜5日。

チンゲンサイのピリ辛炒め

にんにく&桜えびの風味を加えると美味

[材料]
チンゲンサイ……2株（200g）
桜えび（乾）……大さじ2
にんにく（みじん切り）……1/2かけ
ごま油……小さじ2
塩……2つまみ
A［酒小さじ2　豆板醤小さじ1/2］

[切る]
❶チンゲンサイは葉と軸に切り分け、葉はそのままに、軸は繊維に沿って1cm幅に切る。

[炒める]
❷フライパンか中華鍋を火にかけ、すぐにごま油、にんにく、桜えびを入れて中火でザッと炒める。強火にしてチンゲンサイの軸、葉、塩の順に加えて炒め、Aで味つけし、ザッと炒める。

MEMO✢豆板醤の辛さは、好みで増減しましょう。

つぼみ野菜のディップ

**カリフラワーやブロッコリーは、
花のつぼみを食する野菜**

[材料]

カリフラワー……1/3株（100g）
ブロッコリー……1/4株（100g）
A［練りごま（白）・マヨネーズ・みそ各小さじ1 1/2
　牛乳大さじ1］

[切る]

❶カリフラワー、ブロッコリーは小房に切り分け、ブロッコリーの太い茎は厚めに皮をむいて縦薄切りにする。たっぷりの水に10〜15分つけ、水けをきる。

[ゆでる 仕上げる]

❷鍋にカリフラワーとブロッコリーを入れて塩1つまみ（分量外）を入れ、水1/2カップ（分量外）を加え、ふたをして強めの中火で3〜4分蒸しゆでにする。ざるにとって水けをきり、冷まし、盛りつける。

❸Aの練りごまをなめらかに溶き、ほかの材料も加えてよく溶きのばす。これを②に添え、つけながら食べる。

冬瓜のくず煮

薄味でとろりとおいしい夏の野菜料理

[材料]

冬瓜……200g
鶏ささ身……1本 (50g)
塩……1つまみ
A [だし3カップ　酒大さじ1/2]
薄口しょうゆ……大さじ1/2
水溶き片栗粉 [片栗粉・水各大さじ1/2]
しょうが (すりおろす) ……少々

[切る]

❶冬瓜はわたをスプーンで取り、厚めに皮をむいて一口大に切る。
❷鶏ささ身は、斜め細切りにして塩をふる。

[煮る]

❸鍋にAと冬瓜を入れ、ふたをして中火にかける。煮立ってきたらささ身をほぐして入れ、弱めの中火で約15分煮る。
❹冬瓜がやわらかくなったら薄口しょうゆを加え、弱火で約5分煮る。最後に水溶き片栗粉を加えてとろみをつけ、器に汁ごと盛り、しょうがを添える。

なすのみそ炒め

ご飯にも、そうめんにも相性抜群！

[材料]
なす……3個（250g）
ピーマン……1個（40g）
塩……適量
A［みそ・みりん各小さじ2］
ごま油……大さじ1

[切る]

❶なすはヘタを取り縦半分に切って、1cm厚さの斜め切りにする。海水くらいの塩水に5〜10分つけ、水けをきる。
❷ピーマンは種を除き、1cm幅に切る（縦でも横でもよい）。
❸Aを混ぜ合わせておく。

[炒める]

❹フライパンにごま油を熱し、なすとピーマンを強めの中火で炒める。なすに火が通ってシナッとしてきたら、③を加えてザッと混ぜる。

MEMO✚なすのみそ炒めはご飯だけじゃなくて、そうめんにもすごく合います。なすは切ったらすぐに海水くらいの塩水（水3カップ　塩大さじ1）に浸して、アクを抜き、油の吸いすぎも防ぎます。

野菜

なすの煮浸し (はやい)

ザッと炒めて、ワァ～ッと煮るだけ

[材料]

なす……3個 (250g)
塩……適量
ごま油……小さじ2
水……1カップ
A [砂糖小さじ1/4　しょうゆ小さじ2]
削り節……1袋 (4g)
青じそ (せん切り)……5枚

[切る]

❶なすはヘタを取り縦半分に切って皮に数本浅く切り目を入れ、海水くらいの塩水 (水3カップ 塩大さじ1) に5～10分つけ、水けをきる。

[炒め煮する]

❷鍋にごま油を熱し、なすをサッと強めの中火で炒める。
❸全体がアツアツになったら水1カップほど入れ、Aで味をつけ、ふたをして強火で汁けがなくなるまで煮る。仕上げに削り節を手でもんで加える。
❹火を止め、青じそを混ぜる。

菜の花のからしあえ

ほろ苦い
春野菜の味を楽しむ

[材料]

菜の花……1/2ワ (100～120g)
塩……少々
しょうゆ……小さじ1/4
A [溶きがらし小さじ1/4　砂糖1つまみ
　　しょうゆ大さじ1/2]

ゆでる

❶菜の花は根元のかたい部分のみ1cmほど切り落とす。
❷鍋に湯を煮立て、塩を入れ、菜の花の茎のほうから入れる。ほどよいかたさにゆだったら、ざるに上げ、広げて冷ます。

切る あえる

❸粗熱が取れたら2～3cm長さに切って、しょうゆ少々で下味をつけ、軽く絞る。
❹ボウルにAを合わせ、③の菜の花を入れてあえる。

菜の花のお浸し (はやい)

春の鮮やかな緑を食卓に!

[材料]

菜の花……1/2ワ(100～120g)
塩……小さじ1/2
しょうゆ……少々

ゆでる

❶菜の花は根元のかたい部分のみ1cmほど切り落とす。
❷鍋に湯を煮立て、塩を入れ、菜の花の茎のほうから入れる。ほどよいかたさにゆだったら、ざるに上げ、広げて冷ます。

切る

❸粗熱が取れたら2～3cm長さに切って器に盛りつけ、しょうゆ少々をかけて食べる。

ニソワーズ サラダ

**南仏ニース生まれのサラダ。
オリーブ油の香りを生かして**

材料

玉ねぎ（薄切り）……1/4個（50g）
きゅうり……1本
サニーレタス（手でちぎる）……2〜3枚
ハム……2枚（30g）
トマト……1個
ゆで卵……2個
にんにく……1/2かけ
アンチョビ……2〜3枚
ドレッシング［塩小さじ1/2弱　こしょう・洋がらし粉各少々
　砂糖小さじ1/4弱　米酢大さじ1　オリーブ油大さじ2］

切る

❶きゅうりはすりこ木などでたたいてから、手で大きめの一口大にちぎる。トマトは1cm幅くらいのくし形に切る。ハムは1cm幅に切る。ゆで卵はフォークで粗くつぶす。アンチョビは刻む。

あえる

❷大きめのサラダボウルの内側に、にんにくの切り口をこすって香りをすり込み、ドレッシングの材料を記載順に混ぜる。
❸②に玉ねぎ、きゅうり、サニーレタス、アンチョビ、ハム、トマトの順に混ぜていき、上にゆで卵を散らす。

にらたま (はやい)

火を通しすぎないのがポイント

[材料]
にら……1/2ワ（50g）
卵……2個
だし（冷めたもの）……1/4カップ
薄口しょうゆ……小さじ1
ごま油……小さじ2

[切る]
❶にらは2〜3cm長さに切る。

[焼く]
❷ボウルに卵を割り入れ、泡立てないようにほぐす。だしと薄口しょうゆを加え混ぜ、にらを加える。
❸中華鍋かフライパンを熱し、ごま油をなじませ、②を入れて、周囲がふくれたら大きく混ぜてやわらかくいる。すぐ器に盛りつける。

にんじんのきんぴら (はやい)

にんじんの自然な甘みが、生きている一品

材料 (作りやすい分量)

にんじん……大1本 (200g)
ごま油……大さじ1
A [砂糖小さじ1　薄口しょうゆ小さじ2]
いりごま（白）……小さじ2

切る

❶にんじんは斜めに2～3mmの薄切りにしてから、細切りにする。

炒める

❷鍋にごま油を入れて強めの中火で熱し、にんじんを炒める。しんなりしたら、いったん火を止め、Aを加える。
❸再び火にかけ、いりごまを加えてザッと炒め、火を止める。余熱でやわらかくならないように、すぐ器に盛る。

にんじんのグラッセ

ステーキやハンバーグのつけ合わせにぴったり

材料

にんじん……1本 (150g)
水……1カップ
A [砂糖小さじ1　塩2つまみ　バター1cm角]

切る

❶にんじんは1cmくらいの厚さの輪切りにする。

煮る

❷にんじんを鍋に入れて、分量の水を注ぐ。Aも加えて、ふたをして弱めの中火で10分くらい煮る。

MEMO✚にんじんは、簡単に輪切りにしましたが、ちょっと手間をかけてシャトー形（縦四つ〜六つ割りにし、面取りする）に切ってもステキです。

ねぎのみそドレ

やわらかくゆでたねぎを、冷蔵庫でひんやり冷やすと甘み格別！

[材料]
ねぎ……1本（150g）
A［みそ・米酢・サラダ油各大さじ1/2］

[切る]
❶ねぎは10cm長さに切る。

[ゆでる 仕上げる]
❷鍋にねぎを入れ、水1カップ（分量外）を加えてふたをし中火にかける。フツフツしたら弱火の静かに煮立つ火加減で30分ゆで、ゆで汁の中に入れたまま冷ます。冷蔵庫で冷やしてもよい。
❸Aのみそと酢を溶き混ぜてからサラダ油を少しずつ混ぜ合わせて、みそドレッシングを作る。
❹②のねぎを器に盛り、みそドレッシングをとろりとかけて食べる。

MEMO✚この料理のねぎは太めの長ねぎを使います。

白菜のさけ缶鍋 (はやい)

さけ缶と煮るだけのおいしい鍋

[材料]
白菜……1/4株 (500g)
さけ缶詰……小1缶 (90g)
酒……大さじ1
しょうゆ……適量

[切る]
❶白菜は葉と軸に切り分け、葉の部分はザク切り、軸は繊維に沿って幅1cmくらいの細切りにし、長さは半分に切る。

[煮る]
❷鍋の中を水でサッとぬらしてから、白菜の軸をびっしり敷き詰め、葉も入れる。このときにかなりギューギュー詰めでもOK。強引に中央を少しあけてさけを缶汁ごとドカッと置く。さけの上に酒をふりかけ、ふたをして中火にかける。白菜が山のようになっていても、煮ているうちにシナッとする。
❸フツフツしてきたら少し火を弱め、そのまま10分くらい煮て、白菜がやわらかくなったら火を止める。途中でさけと白菜を決して混ぜないこと。
❹アツアツのところでさけをほぐし、器に盛ってしょうゆを適量かけて食べる。

MEMO✚白菜が新鮮なら水を入れなくてよいが、購入して3〜4日たつ場合は1/4カップくらいの水を入れる。

白菜の柚香煮 (はやい)

薄味に仕立てて、ゆずの香りを生かす

[材料]
白菜……5枚（500g）
ゆずの皮（せん切り）……大さじ1
A［濃いめのだし1カップ　薄口しょうゆ・酒各小さじ2］

[切る]
❶白菜は葉と軸に切り分け、葉はザク切り、軸は繊維に沿って細切りにし、長さは半分に切る。

[煮る]
❷鍋に白菜を入れ、Aを回しかけ、ゆずの皮を散らす。ふたをして強めの中火にかけ、フツフツしてきたら火を少し弱めて7〜10分煮る。

MEMO✢白菜の軸までおいしく食べられる簡単煮物。だしと控えめの調味料で、ゆずの香りと風味を生かします。

切り干し大根のはりはり漬け

切り干し大根を使って手軽に

材料 (作りやすい分量)
切り干し大根 (乾) ……1カップ (25g)
にんじん……5cm
昆布……5cm角
細ねぎ……2本
赤とうがらし (輪切りのもの) ……小さじ1/2
A [米酢・しょうゆ・酒各大さじ1　砂糖小さじ1]
いりごま (白) ……少々

戻す 切る

❶切り干し大根はよく洗って鍋に入れ、たっぷりの水を加えて火にかける。沸騰したらざるに上げ、広げて冷ます。
❷にんじんはせん切りにする。昆布は水でサッと洗って2.5cm長さのせん切り、細ねぎは小口切りにする。

漬ける

❸ボウルにAを合わせ、①とにんじん、昆布、細ねぎ、赤とうがらしを混ぜたら、表面を手のひらでギュッと押すようにしてならし、30分以上漬ければ食べられる。
❹器に盛り、いりごまをふる。

MEMO✜切り干し大根が余ったら、はりはり漬けにしておくと、常備菜にも酒のさかなにもなるので重宝します。多めに作ってガラスの容器に入れ、冷蔵庫で1週間は保存可能。日を追うごとに酸味がやわらいでおいしくなります。

春野菜の煮合わせ

シャキッとしたふきの歯ごたえもよし！

[材料]
うど……1/2本(50g)
ふき……1～2本 (100g)
にんじん……1/2本 (100g)
A [だし1/2カップ　酒・薄口しょうゆ各大さじ1/2]

[切る]

❶うどはよく洗い、5～6cm長さに切り、厚めに皮をむいてすぐに水にさらす（皮はきんぴら〈p.24参照〉などに使うとむだにならない）。ふきは生のまま皮をむき、5cm長さに切り、水に5～10分さらす。にんじんは5mm厚さの輪切りに。

[下ゆでする 煮る]

❷鍋にうど、ふき、にんじんを入れ、水をヒタヒタに注いで火にかけ、煮立ったらすぐざるにあけ、水けをきる。
❸鍋にAを煮立て、②の野菜を入れてふたをし、約10分弱めの中火で煮る。そのまま冷めるまで煮汁につけておく。

MEMO✚ うどやふきが出回るころ、やわらかな新にんじんも出回ります。新にんじんは煮すぎると煮くずれるので、加熱時間に注意。

野菜

ピーマンと牛肉の炒め物

牛肉に片栗粉をまぶすと
うまみを閉じ込め、やわらかに

[材料]

ピーマン……4個（200g）
牛赤身薄切り肉……100g
A［塩小さじ1/4弱　酒・片栗粉各小さじ1弱］
しょうが（せん切り）…1かけ
サラダ油……小さじ2
B［塩小さじ1/4　こしょう少々］
酒……小さじ1

[切る]

❶ピーマンは縦半分に切って5mm幅の細切りにする。
❷牛肉は食べやすい大きさに切る。少し厚みのある肉なら、ピーマンに合わせて細切りにする。

[炒める]

❸牛肉にAの塩と酒をふってもみ込み、片栗粉をまぶす。
❹フライパンか中華鍋を熱してサラダ油を入れ、❸の牛肉としょうがを中火で炒める。牛肉に火が通ったら、火を強めてピーマンを加えて炒める。
❺Bで調味し、最後に酒を加え、ザッと炒めて火を止める。すぐ器に盛りつける。

ピリ辛レタス炒め (はやい)

レタスを山ほど、おいしく食べられるのが魅力

[材料]
レタス…1/2個（350g）
赤とうがらし（ヘタと種を除く）……1本
ごま油……大さじ1/2
塩……1つまみ
しょうゆ……小さじ1

[ちぎる]
❶レタスは大きくちぎる。大きい葉でも1枚を四つくらいに。赤とうがらしは二つにちぎる。

[炒める]
❷中華鍋かフライパンにごま油を入れて火にかけ、温かくなってきたらすぐに塩と赤とうがらしを入れ、レタスを2回に分けて加え、ザッザッと強火で炒める。
❸最後にしょうゆを回し入れ、混ぜ合わせて火を止め、すぐ器に盛りつける。

MEMO✢レタスを入れる前に、ごま油に塩を入れる。ここがシャキッと炒め上げるコツ。炒めたレタスは即、器に盛りましょう。そのまま中華鍋に入れておくと、余熱でせっかくのレタスがシナッとしてしまいます。

野菜

ふきの青煮 (はやい)

だしを使わず、ふきの香りを楽しむ

[材料]

ふき……2本(100g)
水……1カップ
A[薄口しょうゆ・みりん各小さじ1]

[切る]

❶ふきは生のまま皮をむき、4cm長さに切る。

[下ゆでする 煮る]

❷小鍋にふきを入れ、かぶるくらいの水(分量外)を加えて強めの中火にかけ、沸騰したら3分ほどゆで、ゆで汁はきる。
❸鍋に分量の水を注ぎ、Aを加えて、中火でふたをして5〜10分煮る。そのまま冷めるまで煮汁につけておく。

MEMO✚ふきの皮は、生のまま手でスルスルとむいてしまうのが楽。今のふきは昔と比べて香りが薄いけれど、だしを使わず調味料だけでシンプルに煮ると、懐かしいふきの香りがしますよ。

ふきの葉の梅煮

ふきの葉は捨てないで！　ご飯の供に

[材料]（作りやすい分量）
ふきの葉……1ワ分
塩……小さじ1/2
サラダ油……小さじ2
梅干し……大1個
しょうゆ……適量
いりごま（白）……大さじ2

[下ゆでして刻む]

❶鍋に、4～5カップくらいの湯を沸かし、分量の塩を加え、ふきの葉を5分ほどゆでる。すぐ冷水にとり、10～20分ほどさらしてかたく絞り、縦横に細かく刻んでまた絞る。

[いる]

❷鍋にサラダ油を熱して①のふきの葉をよく炒め、種を取ってほぐした梅干しとしょうゆで調味し、いりごまをふって、いりつける。

MEMO✚ふきの葉を捨てるなんて、もったいなくてできなくなりますよ。お弁当やお茶漬けの漬物代わりにもうってつけ。冷蔵庫で保存してください。
お店の人に、うっかり捨てられそうになるので必ずもらってください。

ふろふき大根 (ゆったり)

あったか～い冬の定番おかず

[材料]

大根……8cm
昆布……10cm角
A [みそ・水・酒各大さじ1 1/2　砂糖・みりん各大さじ1]

[切る]

❶大根は4cm厚さの輪切りにして皮をむく。

[煮る]

❷鍋の底にサッと水で洗った昆布を敷き、大根とかぶるくらいの水を入れ、ふたをして火にかける。30～50分くらい弱火でコトコトやわらかくなるまで煮る。

❸別の鍋にAを入れて火にかけ、フツフツしてきたら弱火にして木ベラで練る。みそがとろりとなり、おいしそうに光ってきたら火を止める。

❹器に大根を盛りつけ、上に③の練りみそをかける。

MEMO✚めんどうでなければ、大根は皮をむいたら、切り口の角を薄く削って「面取り」すると、長く煮ても煮くずれしにくい。

ほうれんそうのお浸し
青菜のゆで方にカツ代流の秘伝あり

[材料]
ほうれんそう……1/2ワ（150g）
塩……小さじ1/2くらい
薄口しょうゆ……小さじ1
削り節……適量

[ゆでる]

❶大きな鍋にたっぷりの湯（1〜2ℓ）を沸かし、分量の塩を加える。一度にほうれんそうを葉先からスーッと入れ、菜箸（さいばし）で茎をひとまとめに持ってくるりと裏返す。茎を少し食べてみて、ほどよくゆだったら菜箸で茎を持って水をはったボウルに入れる。

❷ここでササッとほうれんそうを泳がせ、すぐ水を替える。3〜4回急いで水を替え、水が完全に冷たくなったら10分水にさらす。次に茎をひとまとめに持って引き上げ、茎の方から葉先へ向かいキュッキュッと軽くにぎって水けを絞る。

[切ってあえる]

❸②のほうれんそうを3〜4cm長さに切り、葉と茎を均一に混ぜ、薄口しょうゆであえる。器に盛り、削り節をのせる。

MEMO✜ゆでるときは根元のほうからゆでる野菜が多いけれど、ほうれんそうは葉から先に入れて箸で裏返すほうが、鍋の中でごちゃごちゃにからみ合わず、均一にゆで上がります。ゆで上がったらすぐに水にとり、3〜4回水を替えてほうれんそうを大急ぎで冷やします。近頃のほうれんそうはアクが少なくなっているので、水にさらしすぎるとうまみが損なわれるので注意。
青菜は、ゆでたあと水にとらないほうが多いのですが、水にとったほうがいいのはほうれんそう。小松菜はケースバイケース。ゆでっぱなしでいいのは、春菊、菜の花、チンゲンサイ、にら、三つ葉など。ゆでるときの塩は入れなくてもいいけれど、塩を加えると、きれいな色にゆで上がります。

野菜

ほうれんそうの磯あえ

のりをプラスして、いつものお浸しとは一味違う

[材料]
ほうれんそう……1/2ワ（150g）
焼きのり……1/2枚
しょうゆ……大さじ1/2

[ゆでる]
❶ほうれんそうは熱湯でゆで、すぐ水にとり、冷たくなるまで数回水を替えてさらす（p.79参照）。

[切ってあえる]
❷ほうれんそうは水けを軽く絞り、3〜4cm長さに切る。
❸焼きのりはもんで細かくする。ほうれんそうをしょうゆであえる。食べる直前にのりもあえて器に盛る。

MEMO➕作り方の③であえるしょうゆは、下味程度にしておくのがコツ。食べるときに好みですだちなどを絞ってもおいしい。

ほうれんそうのサラダ（はやい）

たまにはフランス風に生のおいしさを味わう

[材料]
サラダほうれんそう……1/2ワ（50g）
ベーコン（2〜3mm幅に切る）……2〜3枚（50g）
オリーブ油……小さじ1
A［米酢大さじ1　塩2つまみ　粗びきこしょう少々
　オリーブ油小さじ2］

[切る]
❶ほうれんそうはよく洗い、5cm長さに切り、器に盛りつけておく。ベーコンは2〜3mm幅に切る。

炒める 仕上げる

❷フライパンにオリーブ油を熱してベーコンを加え、カリカリに炒めたら、ほうれんそうの上にパラパラと散らす。
❸ベーコンを取り出したあとの熱いフライパンにAを入れて混ぜる。これを盛りつけたほうれんそうの上に回しかけ、食べるときに混ぜる。

MEMO✚生で食べるときは、サラダ用に改良したサラダほうれんそうを。これは薄い葉で茎も細くやわらかく、アクを少なくして生でもおいしく食べられるようにしたものです。

ほうれんそうのバター炒め

シンプルだから、
バターの風味で飽きない味

材料

ほうれんそう……1/2ワ (150g)
バター……小さじ2
塩……2つまみ
こしょう……少々

ゆでて切る

❶ほうれんそうはたっぷりの湯に塩小さじ1/2(分量外)を入れて少しかためにゆで、水にとって冷めるまで数回水を替えてさらす。4～5cm長さに切って水けを絞る。

炒める

❷フライパンにバターを入れて中火にかけ、バターが溶けたら①のほうれんそうを強火で炒めて塩、こしょうで調味する。

MEMO✚ほうれんそうの旬は冬。きれいなハウス栽培のものよりも、見てくれは少々悪くても、軸が太く、葉が濃い緑色で、少し厚ぼったく、葉の縁がチリチリッとした露地ものは格別においしい。

ポテトコロッケ

ほんのりした甘みとこくは、隠し味の練乳

[材料]

じゃが芋……3個（350g）
玉ねぎ……1/4個
合いびき肉……100g
加糖練乳……大さじ1/2
衣
　┌小麦粉……適量
　│溶き卵……S1個分
　└パン粉……適量
サラダ油……大さじ1/2
A［塩小さじ1/4　こしょう少々］
揚げ油……適量

[切る ゆでる]

❶じゃが芋は皮をむいて大きめの一口大に切る。玉ねぎはみじん切りにする。

❷じゃが芋は鍋に入れ、ヒタヒタの水（1〜1 1/2カップ）を注ぎ、ふたをしてゆでる。竹串がスッと通ったら、再び火にかけ水けをとばす。まだ熱いうちにマッシャーでつぶす。

[タネを作る 揚げる]

❸フライパンを熱し、サラダ油で玉ねぎと合いびき肉を強めの中火で炒め、Aを加える。ここに②のつぶしたじゃが芋を加え、練乳も混ぜる。粗熱が取れたら四〜六等分にして、俵か小判形にまとめて冷ます。

❹③に、小麦粉、溶き卵、パン粉の順に衣をしっかりつける。

❺揚げ油を中温（170〜180℃）に熱し、④を入れ、衣がしっかりしてきたら裏返し、温度を中温に保ちながらじっくり揚げる。こんがり揚がったら、よく油をきって引き上げる。

MEMO✚ 隠し味に甘い練乳を使ったコロッケです。コロッケの中身はすでに火が通っているけれど、中までアツアツに揚げたほうがグッとおいしいです（p.331参照）。

揚げ物は、少ない油にびっしり入れて揚げてもだいたい大丈夫ですが、コロッケだけは例外。一度にたくさん入れると、油の温度が下がって衣がパンクしやすいので、1回に入れる量を四個ずつ揚げるとうまくいきます。

ポテトサラダ

ゆで汁をとばして仕上げるのコツ

[材料]

じゃが芋……2個（300g）
にんじん……5cm
玉ねぎ……小1/4個（30g）
きゅうり……1/2本（50g）
米酢……大さじ1/2
A［マヨネーズ大さじ山盛り1～2　牛乳大さじ1/2～1
　塩・こしょう各少々］

[切る]

❶じゃが芋は皮をむいて一口大に切る。にんじんは半月の薄切り、玉ねぎも薄切りにする。
❷きゅうりは薄い輪切りにし、海水くらいの塩水（水3カップ 塩大さじ1）に10分ほどつけ、しんなりしたら水けを絞る。

[ゆでる]

❸鍋にじゃが芋とにんじんを入れ、ヒタヒタに水（1～1 1/2カップ）を加えてふたをし、火にかけてゆでる。竹串を刺してみてスッととおり、ゆで汁が残っていれば湯をきり、再び強めの中火にかけて水分をとばす。
❹③をボウルに移し、アツアツのうちに酢と①の玉ねぎを入れ、ザッと混ぜて、冷ましておく。
❺完全に冷めたらきゅうりを加え、Aであえる。

MEMO✤ゆで汁の量に注意。多すぎると、煮くずれしやすくなるので気をつけて。ゆで汁をとばしたら、すぐに酢をかける。

もやしのカレー酢あえ (はやい)

もやしは「カレー湯」でゆでて きれいな黄色に!

材料 (作りやすい分量)
もやし……1袋 (250g)
カレー湯 [水1カップ　カレー粉小さじ1/2　塩2つまみ]
A [薄口しょうゆ・米酢各小さじ1]

ゆでる

❶鍋に水1カップとカレー粉、塩を加え煮立ててカレー湯を作る。

❷①にもやしを入れてしっかりゆで、ざるに広げて冷ます。

あえる

❸ボウルにAを混ぜ合わせ、②のもやしを2〜3回に分けて入れ、あえる。

MEMO✚もやしのひげ根が気になる人は取り、そのあとで水洗いします。残ったら冷蔵庫で保存を。

もやしのサラダ風

**もやしをゆでた湯で、
続けてひき肉をゆでるから時短！**

野菜

[材料]（作りやすい分量）
もやし……1袋（250g）
塩……少々
豚ひき肉……100g
紅しょうが（せん切り）……大さじ1
A［米酢・しょうゆ各大さじ1　ごま油小さじ1/2］

[ゆでる]

❶熱湯に塩少々を加え、もやしを入れてゆで、ざるにとって冷ます。

❷もやしを取り出した①の湯に、豚ひき肉を入れて3～4分、火が通るまでゆでる。ざるにとって汁けをきる。

[あえる]

❸ボウルにAを入れて混ぜ、②のひき肉を加えてあえる。

❹③のひき肉が冷めたら、もやしを2～3回に分けて入れて混ぜ、紅しょうがも加えて混ぜる。

ラタトゥイユ

**南仏の煮込み料理は
夏野菜のうまみが凝縮**

材料

なす……1個（100g）
ピーマン……1個（50g）
完熟トマト……1個（200g）
セロリ……10cm
いんげん……3〜4本
キャベツ……1枚
ベーコン……1枚
にんにく……1/2かけ
かぼちゃ……1/8個（50g強）
A［水1/2カップ　塩小さじ1/4
　顆粒スープの素小さじ2　バジル少々
　ベイリーフ1/2枚］
オリーブ油…大さじ1

切る

❶なすはヘタを切り落として縦半分に切り、横に2cm幅に切る。ピーマンは大きめの一口大に切る。トマトはざく切り、かぼちゃは種を取って2cm角に切る。セロリは筋を取って2cm長さに切る。いんげんは2〜3cm長さ、キャベツは一口大、ベーコンは1cm幅に切る。にんにくは薄切りにする。

煮る

❷少し厚めの鍋の中をサッと水でぬらし、野菜全部とベーコン、Aを入れ、強めの中火にかける。かぼちゃはいちばん上にのせる。

❸沸騰したら中火にして10〜15分煮て火を止め、オリーブ油を回し入れて全体を混ぜる。

MEMO✚ ベーコンは入れても入れなくてもOK。野菜だけでも十分においしく仕上がります。トマトの皮が気になるなら、皮を湯むき（p.51参照）します。

野菜炒め

野菜が生のうちに塩をパラリ。野菜をシャキッと仕上げるコツ

(材料)
豚こま切れ肉……100g
にんじん……5cm
玉ねぎ……1/4個
ピーマン……1個
もやし……1/2袋
キャベツ……1～2枚
サラダ油……大さじ1
塩……小さじ1/4
こしょう……少々
しょうゆ……小さじ1/2
ごま油……小さじ1/2

(切る)

❶にんじんは細切り、ピーマンは5mm幅に切る。玉ねぎは繊維に沿って薄切り、キャベツはざく切り、豚肉は一口大に切る。

(炒める)

❷中華鍋かフライパンを強火で十分に熱し、サラダ油大さじ1/2を回し入れて豚肉を入れる。すぐに塩2つまみ（分量外）を加え、鍋に広げて焼きつけるように炒め、火が通ったら肉をいったん取り出す。

❸②の鍋にサラダ油大さじ1/2を足し、野菜をかたいもの（記載順）から入れる。野菜を入れるたびに手早く炒めて、全部を加えたところでまだ野菜が生のうちに塩小さじ1/4をふって、手早く強火で炒める。

❹全体にサラダ油が回ったらすぐに②の豚肉を戻し入れ、こしょうとしょうゆを加えて炒め、仕上げにごま油を加えてひと混ぜし、火を止めてすぐ器に盛りつける。

MEMO✚野菜がまだ生のうちに塩を加える、強火にする、これが水けを出さないコツ。家庭用の火力は弱いので、材料が多いときは一度に入れず、かたいものから入れて炒めます。

野菜

れんこんのきんぴら

歯ごたえとピリ辛味がうまい

材料 (作りやすい分量)
れんこん……1節 (約200g)
赤とうがらし (輪切りのもの) ……小さじ1
ごま油……大さじ1
A [みりん・薄口しょうゆ各大さじ1/2]

切る
❶れんこんは皮をむいて縦二つに切り、薄い半月切りにしてすぐ水に2～3分さらし、水けをきる。

炒める
❷鍋にごま油を入れて中火で熱し、赤とうがらしと水けをきった①のれんこんを入れてまんべんなく炒める。
❸食べやすいかたさに炒めたら、いったん火を止め、Aを加え、再び火にかけて汁けがなくなるまでいりつける。そのままおくと余熱でやわらかくなりすぎるので、すぐに器に盛りつける。

わけぎの酢みそあえ (はやい)

わけぎは風味を逃さないよう、できるだけ長いままゆでる

[材料]
わけぎ（根を切り取る）……1/2ワ（100g）
A［みそ・みりん・米酢各小さじ2　砂糖小さじ1］

[ゆでる]
❶鍋に湯を沸かし、わけぎを根のほうから長いまま入れてサッとゆで、ざるに上げ、広げて冷ます。

[切る 仕上げる]
❷わけぎは3〜4cm長さに切り、器に盛りつける。
❸Aを合わせて酢みそを作り、②にかける。

若竹煮

旬のたけのこと木の芽の香りがうれしい

[材料]
新ゆでたけのこ（やわらかい部分）……7〜8cm
わかめ……10g
生しいたけ……4枚
A［だし1 1/2カップ　酒・薄口しょうゆ各大さじ1/2
　塩小さじ1/4弱］
木の芽（あれば）……適量

[切る]
❶新ゆでたけのこは穂先4cmを残して根のほうから輪切りにし、大きければさらに半分に切る。穂先は二つ切りにしてからくし形に切る。生しいたけは軸を切り落とし、二つにそぎ切りにする。
❷わかめはよく洗い、2〜3cm長さに切る。

[煮る]
❸鍋にAを入れて火にかけ、たけのこを入れ、中火でふたをして10分ほど煮る。火が通ったらわかめ、生しいたけも加えて4〜5分ほど煮る。
❹器に盛りつけ、あれば木の芽を添える。

肉料理

牛肉・豚肉・鶏肉・ひき肉で、
毎日役立つ料理レシピ
49点

牛肉とレタスのキムチ炒め

ササッと超簡単。おいしい炒め物

[材料]
牛薄切り肉……150g
白菜キムチ(ざく切り)……1/3カップ
レタス……1/2個(350g)
ごま油……小さじ2
塩……2つまみ

[切る]
❶レタスは大きく一口大にちぎる。
❷牛肉は4cm長さに切り、白菜キムチと混ぜ合わせておく。

[炒める]
❸フライパンか中華鍋を熱してごま油をなじませ、②を広げるようにして強めの中火で炒め焼きする。
❹肉の色が変わったら、レタス、塩を加え、強火で手早く炒め合わせる。レタスが少ししんなりするくらいで火を止める。余熱でレタスがくたくたになりすぎないよう、すぐ器に盛る。

牛肉のおろししゃぶしゃぶ

季節によって、すだちやかぼすを絞っても

[材料]
牛薄切り肉(しゃぶしゃぶ用)……150〜200g
大根おろし……1カップ
細ねぎ(小口切り)……1/2カップ
レモン(くし形切り)……1/2個
しょうゆ……適量

[ゆでる]
❶鍋にたっぷりの湯を沸かし、フツフツしてきたら、牛肉を広げるようにして1枚ずつ入れ、色が変わったら、ざるにとって水けをきる。

[盛る]
❷器に①の肉を盛り、軽く水けをきった大根おろしをたっぷりと添え、細ねぎを散らす。レモンをギュッと絞り、しょうゆをかけて食べる。すだちやかぼすでもよい。

ねぎねぎ牛どん (はやい)

玉ねぎ、ねぎをたっぷり使う牛どん

[材料]
牛薄切り肉……150g
玉ねぎ……1/2個（100g）
ねぎ……1/2本（50g）
A［しょうゆ大さじ2　砂糖・酒各大さじ1］
温かいご飯……2人分（400g）
紅しょうが……適量

[切る]
❶玉ねぎは縦半分に切ってから繊維に沿って薄切りにする。ねぎは1cm幅の斜め切りにする。

[煮る]
❷広口の鍋に玉ねぎ、ねぎを入れ、Aを加えて中火にかける。
❸②がフツフツ煮立ってきたら火を強め、牛肉を広げるようにして次々に加え、肉に火が通ったら火を止める。
❹どんぶりにご飯を盛り、③を汁ごとのせ、紅しょうがを添える。

すき焼き(関西風)

まずたっぷりのねぎを鍋底に敷き詰めるのが特徴

[材料]

牛薄切り肉……200g
しらたき……1袋(200g)
ねぎ……2本(200g)
焼き豆腐……1/2丁(200g)
牛脂……適量
砂糖・みりん・しょうゆ……各大さじ2~3

[切る]

❶しらたきはよく洗って水けをきったら、食べやすい長さに切る。ねぎは斜めに1cm幅に切る。焼き豆腐は四等分のやっこに切る。

[煮ながら食べる]

❷鉄鍋を熱して牛脂を入れ、中火でゆっくり脂を出し、まずねぎを強火で焼きつけるように炒める。
❸ねぎ全体に脂が回ったら、ねぎを鍋底に広げ、牛薄切り肉を広げてのせ、砂糖をパラパラと適宜ふり、また牛肉をのせ、砂糖をふり、みりん、しょうゆを各適宜回しかける。
❹鍋の周囲からグツグツしはじめたら火の通った肉からねぎといっしょに食べはじめる。
❺残りの肉やしらたき、焼き豆腐、調味料も適宜加え、比較的強めの火で煮ながら食べる。

MEMO✚同じすき焼きでも地方によって作り方が違い、肉に直接調味料をまぶしながら煮ていくのが関西風。ねぎを焼いてから肉をのせます。こうすると肉がかたくならず、味もグンとアップ。一方、関東風のすき焼きは、あらかじめ調味料やだしを合わせて煮立てた甘めの「割り下」を使うのが特徴。「割り下」は、家庭で作る場合はだし1カップ、酒1/3カップ、砂糖大さじ2 1/2、しょうゆ大さじ3を合わせて煮立てます。

牛チゲ

韓国鍋の味の決め手は、やっぱりまっ赤なキムチ！

材料

牛薄切り肉……150g
A［しょうゆ大さじ1/2　ごま油小さじ1/2
　にんにく（みじん切り）少々］
B［煮干しのだし3 1/2カップ
　塩小さじ1/4　薄口しょうゆ小さじ2］
にんじん……1/2本（100g）
白菜……4枚
ねぎ……1本
えのきだけ……小1パック（100g）
木綿豆腐……1/2丁（200g）
ごま油……大さじ1/2
とうがらし粉（好みで）……適量
白菜キムチ（ざく切り）……1/2カップ
春菊……1/4ワ（50g）

切る

❶にんじんは薄い輪切りにする。ねぎは1cm幅の斜め切りにする。白菜の葉はざく切り、軸は繊維に沿って細切りに。えのきだけは石づきを切り落とす。木綿豆腐は四〜六等分し、春菊は3〜4cm長さに切る。牛肉は食べやすい長さに切り、Aをもみ込んでおく。

煮る

❷Bを合わせて温めておく。
❸鍋にごま油を熱し、牛肉をたれごと入れて焼き、色が変わったらBを注ぐ。煮立ったらにんじん、白菜の軸を加えて煮、次に白菜の葉を加えて5〜10分煮る。
❹豆腐、ねぎ、えのきだけを加え、最後に白菜キムチととうがらし粉、春菊を入れ、再び煮立ったらでき上がり。

肉じゃが (はやい)

強めの火でワーッと煮るから
手早く、簡単でおいしい

材料 (作りやすい分量)

じゃが芋……4個 (600〜700g)
牛薄切り肉……200g
玉ねぎ……1個
サラダ油……大さじ1
A [砂糖・みりん各大さじ1　しょうゆ大さじ2 1/2]
水……1 1/2カップ

切る

❶玉ねぎは縦半分に切り、繊維に沿って1cm幅にザクザク切る。じゃが芋は皮をむいて大きい一口大に切る。牛肉は食べやすい長さに切る。

煮る

❷サラダ油で玉ねぎと牛薄切り肉を炒め、肉の色が変わりはじめたらAを加えて強めの中火で煮る。
❸肉にしっかり味がついたら、①のじゃが芋を加え、分量の水を注ぐ。表面を平らにならし、ふたをして強めの中火で、じゃが芋がやわらかくなるまで10分くらい煮る (途中で一度大きく混ぜる)。

ビーフカツ

牛の薄切りカツには
ひと味違うソースを

[材料]
牛赤身肉(5mm厚さ・1枚100g)……2枚
塩・こしょう……各少々
衣
　┌小麦粉……大さじ2
　│溶き卵……S1個分
　└生パン粉……適量
揚げ油……適量
A[ウスターソース大さじ1 1/2
　マスタード・マヨネーズ各小さじ1/4]

[たたく]
❶牛赤身肉はげんこつでたたいて1.5倍くらいの大きさにのばし、塩、こしょうを均一にふる。

[揚げる]
❷①に小麦粉、溶き卵、パン粉の順に衣をつける。揚げ油を中温(180℃)に熱し、カラリと揚げる。
❸Aを合わせてソースを作り、揚げたてのカツにかける。

ビーフシチュー (ゆったり)

ドミグラスソース缶を使うと、手軽で本格味に

[材料] (作りやすい分量)
牛かたまり肉……500g
A［塩小さじ1/2　こしょう少々］
バター……大さじ1
B［水5カップ　赤ワイン1カップ
　ベイリーフ1枚　塩小さじ1/2　こしょう少々］
じゃが芋（皮をむいて二つ〜四つ切り）……4個
玉ねぎ（縦四等分に切る）……1個
にんじん（4〜5cm長さに切り、縦四等分に切る）……大1本
生マッシュルーム（二つ切り）……1パック（150g）
C［バター大さじ1　サラダ油小さじ1］
ドミグラスソース缶詰……1缶（290g）
絹さや……100g

[焼く]

❶牛かたまり肉にAをよくすり込んでおく。
❷フライパンにバターを入れて火にかけ、牛かたまり肉を入れて中火で全体に濃い焼き色をつける。

[煮込む]

❸鍋にBを入れて火にかけ、②を肉汁ごと脂も入れて煮る。煮立ったら弱火にして、ふたを少しずらしてかけ、フツフツコトコトと約2時間煮込む。
❹フライパンにCを入れて火にかけ、じゃが芋、玉ねぎ、にんじん、マッシュルームを入れ、サッと炒める。
❺③の鍋から煮込んだ肉を取り出し、④の野菜類を入れて弱火で煮る。じゃが芋にやっと竹串が通るくらいに煮えたら、ドミグラスソースを加え、肉を2cmの厚さに切って鍋に戻し、さらに10分ほど煮る。
❻絹さやは筋を取り、塩ゆでにし、⑤の仕上がりぎわに加える（絹さやのない季節は、いんげんやブロッコリーでもよい）。

MEMO♣約2時間と、時間はかかるけど、弱火にかけて放っておけば勝手に煮えてくれるのがこの料理のよさ。市販のドミグラスソースの缶詰を加えると、簡単で本格風に仕上がります。肉は好みでもも肉でも、脂身の多いばら肉でも。長く煮込むので、かたまりのまま使って。強火で全体をしっかり焼いておく。じゃが芋はメイクイーンが向いています。

ビーフストロガノフ

人気メニューも こんなに簡単でおいしい！

> 材料

牛赤身肉バター焼き用……150g
塩・こしょう……各2つまみ
小麦粉……大さじ1
バター……大さじ1
パプリカ（赤または黄色）……1/2個
ピーマン……1個
マッシュルーム缶詰（スライス）……小1缶
白ワイン……大さじ1
牛乳……1/4カップ
生クリーム（乳脂肪のもの）……1/2カップ（100㎖）

> 切る

❶パプリカとピーマンは細切りにする。牛肉は5mm幅くらいの細切りにして塩、こしょうをふり、小麦粉をまぶす。

> 炒める

❷鍋にバターを入れ中火にかける。バターが溶けたらパプリカ、ピーマン、①の牛肉を中火で炒める。

❸牛肉に火が通ったらスライスマッシュルームを缶汁ごと加え、白ワイン、牛乳、生クリームを加える。鍋底をこそげるようにして混ぜ、味をみて塩（分量外）を足す。フツフツしてきたら火を止める。

ひらひらカレー (はやい)

**煮込まない！ 仕上げに薄切り肉を
ひらひら入れるだけ！**

[材料]（作りやすい分量）
豚薄切り肉（牛肉でもよい）……250g
玉ねぎ……1個（200g）
にんじん……小1本（100g）
じゃが芋……2個（250g）
にんにく・しょうが（各すりおろす）……各1かけ分
サラダ油……大さじ1/2
水（箱の表示どおりに）……3〜4カップ
カレールウ……小1箱（100g）

[切る]
❶玉ねぎは3cm角に切り、にんじんは2〜3mm厚さのいちょう切りにする。じゃが芋は小さめの一口大に切る。

[炒めて煮る]
❷鍋にサラダ油を熱し、弱火でにんにくとしょうがを炒める。香りが立ったら玉ねぎ、にんじん、じゃが芋を加えて炒める。全体に油が回ったら分量の水を加え、ふたをして中火で煮る。
❸野菜にほとんど火が通ったら一度火を止め、カレールウを加えて混ぜ、ルウが溶けたら再び火にかける。
❹フツフツしてきたら、肉を1枚ずつ広げてひらひらと入れ、全体を混ぜながら火を通す。肉に火が通ったら火を止める。器に温かいご飯（分量外）を盛り、カレーをかける。

MEMO✚ 薄切り肉は炒めて煮込むとボロボロになってしまいますが、最後に1枚ずつ広げてひらりひらりと入れていくこの方法ならバッチリ。肉はふんわりやわらかで、うまみもよ〜く残っています。
暑い季節は、じゃが芋がいたみやすいのでいっしょに煮込まない。別に「粉ふき芋」（p.38参照）を作り、添えるのがおすすめ。

ペッパーステーキ (はやい)

粒の黒こしょうを
たっぷりきかせた簡単ステーキ

[材料]

牛ステーキ肉（1枚約150g）……2枚
塩……少々
オリーブ油……小さじ1/2
粒黒こしょう……大さじ1
赤ワイン……大さじ1
A [しょうゆ・ワイン各大さじ1　ケチャップ小さじ2]
バター……1cm角

[筋切りする]

❶牛ステーキ肉は筋切りをし、塩をふっておく。

[焼く]

❷フライパンに油をひいて熱し、肉を入れる。強めの中火で焼き、フライパンを揺すって自然に動くようになったら裏返してサッと焼き、火を弱めて粒黒こしょうを加える。

❸ふたをしてフライパンを揺すり、1〜2分してふたを取り、ワインをふり入れる。レアが好みならここで火を止め、ミディアムが好みならもう少し焼く。

❹器に肉を盛りつけ、大急ぎで余熱が残っているフライパンにAを入れて混ぜ、ステーキにかける。ちぎったバターものせる。

MEMO✚粒黒こしょうは、まだ肉の焦げ色が足りないかな、くらいで加えるのがタイミング。
つけ合わせには粉ふき芋（p.38参照）、にんじんのグラッセ（p.68参照）、いんげんのサッと煮（p.22参照）など。

焼き肉

手作りの焼き肉のたれで
ワンランク・アップの味

[材料]

牛薄切り肉……200g
A［しょうゆ大さじ1 1/2　ねぎ（みじん切り）10cm
　いりごま（白）・ごま油各大さじ1/2
　にんにく（すりおろす）1/2かけ分　こしょう少々］
キャベツ（一口大にちぎる）……2〜3枚

[下味をつける]

❶ボウルにAを合わせ、牛肉をほぐしながら加えて、手でよ〜くもみ込む。

[焼く]

❷フライパンを強めの中火で熱し、①の牛肉を広げるように入れる。すぐにいじらないで、肉が焼けてパカッとはがれるようになったら全体を混ぜ合わせ、炒めるように焼きつける。キャベツといっしょに食べる。

MEMO✚ちぎった生のキャベツやレタス類ととってもよく合う焼き肉です。牛肉は下味にごま油をもみ込むので、油なしでも焼けますが、心配ならごくごく薄くぬって。鉄板で焼きながら食べてもおいしい。

八幡巻き（やわた）

相性よしの牛肉とごぼうで
うまみを引き出す

[材料]（作りやすい分量）
牛赤身薄切り肉……200g
ごぼう……1/2本（100g）
A［水大さじ2　しょうゆ・みりん・酒各大さじ1 1/2
　砂糖小さじ2］
サラダ油……小さじ1

[切る ゆでる]

❶ごぼうは皮を包丁の背でこそぐか、たわしでゴシゴシ洗い、7〜8cm長さの鉛筆くらいの太さに切る。これを鍋に入れ、かぶるくらいの水を加えて、ふたをして10〜15分中火でやわらかくゆで、水けをきる。

[巻く]

❷牛肉は1枚ずつ広げ、①のごぼうを3本ずつしっかり巻いて最後にギュッと手でにぎる。

[焼く 煮る]

❸フライパンにサラダ油を熱し、②の巻き終わりを下にして並べ、しばらくおいてから全体に焦げ色がつくように強めの中火で焼く。

❹いったん火を止め、Aを入れて再び火をつけ、フライパンを動かして汁けをからめながら煮る。

❺④が冷めたら二つに斜め切りにして、切り口を見せて器に盛りつける。

和風シャリアピンステーキ

**玉ねぎではなく、
ねぎを使った純和風ソースで**

[材料]

牛ステーキ肉（1枚約100g）……2枚
塩・こしょう……各少々
ねぎ（みじん切り）……1本（100g）
サラダ油……小さじ1/2
バター……大さじ1/2（6g）
しょうゆ……小さじ2

[たたく]

❶牛ステーキ肉は包丁の背でたたき、塩、こしょうをふる。

[焼く]

❷フライパンを熱して薄くサラダ油をひき、肉の両面を強火で焼いて器に盛りつける。

❸②のフライパンにバターを入れ、すぐにねぎを加えて炒める。シナッとしたらしょうゆを回しかけて火を止め、焼いたステーキ肉の上にかける。

和風ローストビーフ

嘘みたいに簡単に焼ける

[材料]（作りやすい分量）
牛ももかたまり肉（たたき用）……300g
塩……少々
にんにく（半分に切る）……1かけ
サラダ油……大さじ1/2
細ねぎ（小口切り）……1カップ
大根おろし……1カップ
レモン（くし形切り）……適量
わさび・しょうゆ……各適量

[下ごしらえ]

❶牛ももかたまり肉に塩をふり、にんにくの切り口をこすりつけ、表面にサラダ油を薄くぬる。

[焼く]

❷オーブンを250℃に温めておき、アルミ箔を敷いた天パンに①をのせ、10〜15分ほど焼いて取り出す。

❸粗熱が取れたら4〜5mmの薄切りにして器に盛りつけ、細ねぎをたっぷりかける。大根おろし、レモン、わさびを添えて、しょうゆで食べる。

梅酒煮豚

おかずにも酒の肴にもよい
日持ちする煮物

[材料]（作りやすい分量）
豚かたまり肉……1本（500g）
A［梅酒1カップ　しょうゆ1/4カップ］
水……1/2カップ

[下ゆで]

❶豚かたまり肉は、太ければ繊維に沿って半分に切り、鍋に沸かした熱湯で肉の表面の色が変わるまでゆでる。

[煮る]

❷厚手の鍋にAを加えて、分量の水を注ぎ、ふたをして弱めの中火で煮る。20分煮たら裏返し、弱火でさらに20分煮る。途中で煮汁がなくなったら酒か湯（分量外）を足す。食べよいように薄切りにする。溶きがらしをつけて食べても美味。

MEMO♣豚肉はいったんゆでてから煮ると、アク取りの手間がいらないし、余分な脂分も落ちて、やわらかく煮上がります。使う豚肉の部位はどこでも好きなところを。おすすめは肩ロース。

角煮

黒砂糖の甘みで仕上げる

[材料]（作りやすい分量）
豚バラかたまり肉……1本 (500g)
しょうが（皮ごと薄切り）……1かけ
A［黒砂糖30g　酒1/2カップ強　ゆで汁1カップ
　しょうゆ大さじ2］
溶きがらし……適量

[下ゆで]
❶鍋にたっぷりの湯をグラグラ沸かし、豚バラかたまり肉、しょうが、塩小さじ1/2（分量外）を入れて弱めの中火で90分ほど下ゆでする。
❷ゆで汁につけたまま一晩おいて、翌日、白く固まった脂を取り除き、肉を取り出し八つに切る（夏は煮汁が冷めてから冷蔵庫に入れて）。

[煮る]
❸鍋にAを入れてごく弱火にかけ、黒砂糖が溶けてきたら②の豚肉の脂身を下にして並べる。ときどき煮汁をかけながら、ふたをして20〜30分ほど弱火で煮込む。途中で一度裏返す。器に盛り、溶きがらしを添える。

簡単ホワイトシチュー

**市販のルウがなくても
意外に簡単にできる一品**

[材料]

豚もも薄切り肉……150g
かぶ……2〜3個（400g）
にんじん……小1本（100g）
バター……大さじ1
小麦粉……大さじ2
牛乳……2カップ
塩……小さじ1/2
こしょう……少々

[切る]

❶かぶは縦四つに切る。にんじんは縦半分に切り、2〜3cm厚さの半月切りにする。

❷豚肉は長さを二つに切ってサッとゆでる。

[炒める 煮る]

❸鍋にバターを入れて火にかけ、溶けてきたらにんじんを炒める。全体にバターが回ったら小麦粉を一度に加え、弱火で1〜2分炒める。

❹③の火を止め、牛乳を3〜4回に分けて加え、再び火にかけて、途中ときどき鍋底をかき混ぜながら、なめらかになるまで弱火で煮込む。

❺②の豚肉と①のかぶを加え、かぶがやわらかくなり、とろみがついてフツフツしてきたら塩、こしょうで調味し、火を止める。とろみが濃いようなら牛乳（分量外）を加えて、好みにゆるめる。

MEMO✤あれば生クリーム1/2カップを加えると、いっそうコクが出ます。濃厚な口あたりが好みなら試してみて。

シシカバブ

身近なスパイスだけで作れるエスニック串焼き

[材料]

豚肩ロース肉（2.5cm厚さ）……1枚（250〜300g）
A [玉ねぎ（すりおろす）1/4個（50g）
　にんにく（すりおろす）小1かけ分
　しょうが（すりおろす）小さじ1
　シナモン・こしょう各少々
　塩・カレー粉各小さじ1/4　しょうゆ小さじ2
　砂糖小さじ1/2　サラダ油大さじ1/2]

[切る]

❶豚肉は八等分になるように一口大のコロコロに切り、ボウルに入れてAを加え、手でもみ込み、20〜30分おく。

[焼く]

❷金串に豚肉を4個ずつ刺して天パンの網の上にのせ、オーブンに入れる。230℃にセットして10分焼き、さらに200℃で10分焼く。

MEMO✚豚肉は肉屋さん（対面販売のあるマーケットで可能な場合も）にカットしてもらうのがベスト。「2.5cm厚さで250〜300gくらいで……」とお願いします。また肉は金串に刺しましょう。竹串に刺すと焼けてしまうので注意。ない場合は天パンに並べて焼きます。

正調しょうが焼き (はやい)

焼き方は母から伝授された美味ワザ！

[材料]

豚肩ロースまたはロース薄切り肉……200g
A [しょうゆ大さじ1　みりん大さじ1/2
　　しょうが(すりおろす)1かけ分　ごま油小さじ1/2]
サラダ油……少々

[下準備]

❶豚ロース薄切り肉は2枚合わせに広げておく。Aは混ぜ合わせておく。

[焼く]

❷フライパンを中火で熱してサラダ油をひき、肉を2枚ずつAにチャッチャッと両面つけてすぐにフライパンに入れ、中火で焼く。焼き色がついたら裏返して焼き、2枚合わせの肉が自然にはがれてきたら両面を焼いて中まで火を通す。

MEMO✚どこにでもあるしょうが焼きですが、肉を2枚合わせにして調味料にサッとからめ、そのまま焼くのがワザ。味がしみ込みすぎないのでしょっぱくならず、やわらかく焼けるんです。これ、大阪の母がやっていた方法。下味をつけた場合は焦げやすいので中火で。豚肉だから、中までしっかり火を通して焼き上げます。

肉

酢豚

野菜も肉も油通し後、あんをからめて一気に仕上げる

[材料]

豚肩ロースかたまり肉……150g
A [しょうゆ・酒各小さじ1]
片栗粉……大さじ1
干ししいたけ……3枚
にんじん……小1/2本 (50g)
ゆでたけのこ……小1/2本 (100g)
玉ねぎ……1/2個 (100g)
揚げ油……適量
B [水1/2カップ　しょうゆ・米酢・砂糖各大さじ1]
水溶き片栗粉 [片栗粉・水各大さじ1/2]
ごま油……2～3滴

[切る]

❶干ししいたけは水かぬるま湯で戻し二つ～三つにそぎ切りにする。にんじんとたけのこは乱切りにする。玉ねぎは1.5cm幅のくし形に切る。
❷豚肉は2cm角のコロコロに切りAで下味をつけ、片栗粉をしっかりまぶす。

[揚げる 炒める]

❸揚げ鍋に揚げ油を入れて中火にかけ、まだ熱くならないうちににんじん、ゆでたけのこ、しいたけ、玉ねぎの順に加えて揚げ、にんじんが鮮やかな色に変わったら、油をきって野菜を引き上げる。紙タオルなどで余分な油をおさえる。
❹③の揚げ油を中温 (180℃) に熱して豚肉を入れ、中までしっかり火を通し、カラリと揚げる。
❺揚げ油を片づけ、鍋に③④の野菜と豚肉を入れて強火で炒める。アツアツになったら、合わせたBを加える。水溶き片栗粉でとろみをつけ、火を止めてごま油を落とす。

簡単酢豚 (はやい)

**材料を揚げてつけ汁に入れるだけ
別名からめる酢豚!**

[材料]

豚角切り肉 (酢豚・シチュー用)……200g
しょうゆ……小さじ1/2
片栗粉……大さじ1〜2
にんじん……1/2本 (100g)
ゆでたけのこ……小1本 (約100g)
玉ねぎ……1/2個 (100g)
生しいたけ……3枚
A [ケチャップ・米酢・砂糖各大さじ1
　しょうゆ大さじ1　ごま油小さじ1]
揚げ油……適量

[切る]

❶にんじんは一口大の乱切り、たけのこもにんじんと同じような大きさに切る。玉ねぎは2cm角に、生しいたけは二つ〜四つ切りにする。
❷豚角切り肉は大きければ二つくらいに切り、しょうゆ小さじ1/2で下味をつけ、片栗粉をしっかりまぶす。

[揚げる からめる]

❸大きい器かボウルにAを合わせておく。
❹揚げ油を火にかけ、すぐににんじんを入れる。中温 (180℃) まで上がったら、たけのこを入れる。にんじんに火が通ったら、たけのことともに油をよくきって引き上げる。
❺揚げ油に②の豚肉を入れ、カラリと揚げ、油をきり、Aにからめる。
❻玉ねぎ、生しいたけはサッと揚げ、紙タオルなどで油をおさえ、④といっしょにAに加え全体を混ぜる。

串カツ

衣の小麦粉と卵液は
混ぜておけば、手間なし

[材料]

豚肉（とんカツ用）……2枚（200g）
ねぎ……1本
塩・こしょう……各少々
衣
　A[小麦粉2/3カップ　卵1/2個に水を加えて1/3カップ]
　生パン粉……適量
揚げ油……適量
ソースまたはケチャップ……適量

[切る 竹串に刺す]

❶ねぎは3cm長さに切る。
❷豚肉は1枚を四つに切る。竹串を水でぬらしてから（揚げたあと、串が抜けやすくなる）豚肉、ねぎ、豚肉、ねぎの順に刺し、塩、こしょうをふる。

[揚げる]

❸Aを混ぜ合わせてドロンとした衣を作り、②をつけ、パン粉をしっかりまぶす。
❹揚げ油を中温（180℃）に熱して③を入れ、豚肉に火が通るまでしっかり揚げる（p.331参照）。ソースまたはケチャップで食べる。

MEMO✚とんカツや串カツは、小麦粉、卵液、パン粉を順にまぶして揚げるのが一般的。でも、最初から小麦粉と卵液を混ぜておけば、よりスピーディーに作れます。ひと手間省いても、味にひけはとりません。好みのソースやトマトケチャップで食べるほか、たまには塩をふって食べるのも、おつなもの。
つけ合わせには、ぜひ生のキャベツをちぎって添えて。

とんカツ

**ときどき持ち上げて揚げるのがコツ
カラッと仕上がる**

[材料] (2人分)
豚ロース肉 (とんカツ用) ……2枚
塩・こしょう……各少々
衣
　┌ 小麦粉……適量
　│ 溶き卵……S1個分
　└ パン粉……適量
揚げ油……適量
ソース・溶きがらし……各適量

切る

❶豚ロース肉は、脂と筋に何本か包丁目を入れ、塩、こしょうをふる。水けをふき、小麦粉を両面にまぶし、溶き卵をしっかりからませ、パン粉の順に衣をつける。

揚げる

❷中温 (180℃) の揚げ油に、①の肉を次々に入れ、油温が180℃以上にならないように揚げる。衣がしっかりしてきたら裏返す。引き上げるときは、よく油をきる (p.331参照)。

とんテキ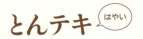

豚肉もこんがり焼けば
ビフテキに負けない！

[材料]
豚肩ロース肉（1cm厚さ）……2枚
塩・こしょう……各少々
サラダ油……小さじ1
しめじ（石づきを切り、ほぐす）……1パック（100g）
A［酒・しょうゆ各大さじ1］
大根おろし……1/2カップ

[切る]
❶豚肩ロース肉は筋切りして塩、こしょうをふり、室温に30分くらいおく。

[焼く]
❷フライパンにサラダ油をひいて火にかけ、温まったら豚肉を入れる。強めの中火でこんがりおいしそうな焼き色がつくまで両面をじっくり焼き、中まで完全に火を通す。途中ふたをすると早い。焼き上がりまぎわにフライパンのあいているところで、しめじをザッと焼く。
❸豚肉としめじを器に盛り、まだ余熱が残っているフライパンにAをジュッと加えて混ぜ、たれを作る。
❹豚肉に軽く水けをきった大根おろしを添え、③のたれをかけて食べる。

MEMO✚豚肉だってこんがりよ〜く焼くと、ビーフステーキのような味わい。

豚しゃぶしゃぶ

淡白な豚肉には
ごまだれが合う

[材料]

豚薄切り肉（あればしゃぶしゃぶ用）……150〜200g
ねぎ……1本
春菊……50g
春雨……30g
ごまだれ［練りごま大さじ3　しょうゆ大さじ2
　みりん大さじ1/2　だし1/4カップ］
酒……1/4カップ

[切る]

❶春雨は袋の表示を参考にしながら、かために戻しておく。食べやすい長さに切る。
❷ねぎは1cm幅の斜め切りにする。春菊は葉先を摘む。

[ゆでながら食べる]

❸練りごま、しょうゆ、みりん、だしを合わせてよく混ぜ、ごまだれを作る。
❹鍋にたっぷりの湯を沸かして酒を加え、沸騰したところに好みの材料を入れて湯がき、③のごまだれをつけて食べる。

MEMO✚豚肉のしゃぶしゃぶは、豚肉に完全に火が通ってから引き上げること。市販の練りごま大さじ3の代わりに白いりごま（1/2カップ）をよくすっても美味。

豚肉とキャベツの炒め物

豆板醤(トウバンジャン)のピリ辛が味の決め手

[材料]

豚肩ロース薄切り肉……100g
A [しょうゆ大さじ1/2
　みそ・豆板醤・酒各小さじ1/2　砂糖1つまみ]
キャベツ……大2〜3枚（300g）
ごま油……大さじ1/2
にんにく（みじん切り）……1/2かけ分
塩……少々
片栗粉……1つまみ

[切る]

❶キャベツの葉は3cm角くらいに切り、軸は薄切りにする。豚肉は食べやすい長さに切り、Aをからめておく。

[炒める]

❷フライパンにごま油とにんにくを入れて中火にかける。香りが出たら火を強め、すぐに肉を加え、中火で焼くように炒めて取り出す。

❸②のフライパンにごま油少々（分量外）を足し、強火にしてキャベツを炒め、塩少々をふり、キャベツがシャキシャキしているうちに②の肉を戻し入れて混ぜる。最後に片栗粉をパラパラとふってひと炒めする。すぐ器に盛りつける。

豚肉とほうれんそうの常夜鍋(じょうやなべ)

シンプルで毎晩でも飽きないから、この名前

[材料]

豚ロースしゃぶしゃぶ用……150g
ほうれんそう……1ワ（200〜300g）
酒……1/4カップ
塩……少々
大根おろし・しょうゆ・レモン汁……各適量

[切る]

❶ほうれんそうはよく洗い、7〜8cm長さにザクザク切る。

[ゆでる]

❷土鍋に八分目くらいの湯（分量外）をグラグラと沸かし、酒と塩を加える。

❸②に豚ロース肉を1枚ずつ入れ、ほうれんそうも生のまま入れてゆで、火が通ったら（豚肉は完全に火を通す）引き上げ、たっぷりの大根おろしを入れたレモンじょうゆで食べる。アクをときどきすくう。

MEMO✚ほうれんそうと豚肉だけのこの鍋は、シンプルだからこそ毎日でも飽きないのが特徴。いつもの鍋物みたいに、白菜やらねぎやら、ほかの具をいろいろ入れると、常夜鍋ならではの、せっかくのよさがなくなってしまいますから、あくまでもシンプルに。

ポークチャップ

〔はやい〕

日本で生まれた
懐かしい洋食の味

材料

豚肩ロース肉（1cm厚さ）……2枚（200g）
塩・こしょう……各少々
小麦粉……小さじ1
サラダ油……大さじ1/2
マッシュルームの水煮缶詰（スライス）……小1缶
ソース［ケチャップ・ウスターソース・
　酒各大さじ1 1/2　水1/2カップ］

切る

❶豚肩ロース肉は30分前くらいに冷蔵庫から出しておく。筋切りをして塩、こしょうをふり、小麦粉をまぶす。

焼く からめる

❷フライパンを熱してサラダ油を入れ、中火で①の豚肉の両面をこんがり焼き、中まで完全に火を通して、いったん取り出す。

❸②のフライパンに、汁けをきった缶詰のマッシュルームとソースの材料を入れて混ぜ、②の肉を戻し入れてソースをからめる。フツフツしてきたらすぐ火を止め、器に盛りつける。

MEMO✤骨つき肉を使うと本格的。肉に小麦粉をまぶしたら、余分な粉をはたいてすぐに焼きはじめること。小麦粉をまぶしてからいつまでもそのままにしておくと、水けが出てベタベタになってしまい、おいしさが半減してしまいます。

レバーのかりんとう揚げ

臭みのないカラッとしたレバーの揚げ物

[材料]
豚レバー……100g
A [しょうゆ・酒各小さじ1　塩少々
　しょうが汁小さじ1/2]
片栗粉……適量
揚げ油……適量

[切る]
❶豚レバーは水を何回か替えながら水洗いして血抜きをし、よく水けをふいて1cm幅の棒状に切る。切って売っているものも多い。

[つける]
❷Aを合わせた中に①のレバーを入れ、冷蔵庫で1時間以上つけておく。

[揚げる]
❸レバーの汁けをふき取り、片栗粉をしっかりまぶす。揚げ油を中温（180℃）に熱してレバーを入れ、カラリと揚げる。

MEMO✛レバーはプリプリとした新鮮なものを買い、何度も水洗いして血抜きをちゃんとすれば、臭みもなくおいしく食べられます。

レバーとにらの炒め物

中華屋さんの定番メニュー

[材料]
レバー(豚または鶏)……150g
ごま油……大さじ1
にんにく(薄切り)……1/2かけ
A[しょうゆ大さじ1　酒大さじ1/2]
にら(3〜4cm長さに切る)……1ワ(100g)
粗びきこしょう……適量

[下ごしらえ]
❶レバーは血合いを取り除き、食べやすい大きさに切り、熱湯で5分ゆでて水けをしっかりふく。

[炒める]
❷フライパンを中火で熱してごま油を入れ、レバーを炒め、いったん皿に取り出す。
❸②ににんにくを入れて弱火で炒め、香りが立ったらレバーを戻し、強火で一気に炒めて火を止め、Aで味をつける。
❹再び強火にかけてにらを加え、こしょうをきかせて強火でザッと炒め、火を止め、すぐ器に盛りつける。

MEMO✚レバーは生から炒めてもいいけれど、意外に火が通りにくいもの。下ゆでしてから、ザッと炒めておきます。にらは、火を通しすぎると水けが出てクタッとなるので、最後に加え、まだ生っぽいかなと思うくらいで火を止めるのがコツです。

レバーのしょうが煮

**レバーが苦手な人もぜひ、
自信をもってすすめられるメニュー**

材料 (作りやすい分量)
鶏レバー……300g
しょうが (薄切り) ……大1かけ (30g)
A [みりん・しょうゆ・砂糖・酒各大さじ2]

下ごしらえ

❶鶏レバーは一口大に切って、血合いを取り除く。湯を沸かし5分ゆでて中まで火を通す。

煮る

❷鍋にA、しょうが、①のレバーを加え、ふたをして中火で汁けがほとんどなくなるまで煮る。

MEMO✛レバーを煮るときは、鍋のふたを少しずらしておくと、レバー特有の臭みが抜けます。しょうがは皮つきで繊維を断つように薄切りにします。保存は冷蔵庫で3〜4日。

大鍋煮

だしなし、鶏肉と野菜のうまみだけ

[材料]

鶏もも肉（または手羽肉）……1/2枚（150g）
里芋……200g
にんじん……1/2本（100g）
大根……7〜8cm（400g）
ししとうがらし……10本
A［しょうゆ・酒・みりん各大さじ1 1/2］
水……1 1/2カップくらい

[切る]

❶里芋は皮つきのまま2〜3分ゆで、水にとって皮をむく。大きなものは二つに切る。
❷にんじんは一口大の乱切りにする。大根は1cm厚さの半月切りにする。ししとうがらしは軸を短く切る。
❸鶏もも肉は黄色い脂を取り除き、一口大のコロコロに切る。

[煮る]

❹大鍋にAを煮立て、鶏肉を入れ強めの中火で煮る。コテッと味がついたらにんじん、大根を加え、ヒタヒタに分量の水を注ぐ。煮立ってきたら里芋を加え、ふたをして20分中火で煮る。途中で一度上下を返す。
❺仕上げにししとうがらしを加え、ザッと混ぜて火を止める。

MEMO✛かつおだしを使わず、鶏肉や野菜から出るうまみだけで煮る煮物。鶏肉には最初に味をしっかりつけておき、野菜はあとから加えると、素材の持ち味がいっそう生きてきます。火加減は弱くしすぎず、つねにフツフツとした状態で煮、最後は強めの中火でつやよく仕上げます。

鶏のきじ焼き風 (はやい)

皮は焼きすぎかな、くらいまでこんがり焼くのがコツ

[材料]

鶏もも肉……1枚（250〜300g）
A［みりん・しょうゆ各大さじ1］
サラダ油……小さじ1/2
粉ざんしょう（好みで）……少々

[焼く]

❶鶏肉は焼く30分前に室温に出しておく。フライパンを十分に熱し、サラダ油をなじませ、鶏肉の皮目を下にして入れ、中火で焼く。ふたをして皮にこんがりと濃いめの焼き色がつくまで5分焼く。裏返し（途中、脂が出たらふき取る）、ふたを取ってさらに3〜4分焼き、中まで完全に火を通す。

[からめる]

❷バットや皿にAを合わせ、焼きたての鶏肉を皮からジュッとつけ、2〜3回裏返して味をからめる。1cm厚さのそぎ切りにし、器に盛りつける。好みで粉ざんしょうをふる。

MEMO✛ししとうがらしやピーマン、生しいたけなどをいっしょに焼けば、つけ合わせも一度に完了。ご飯の上にのせて、きじ焼き丼にしても。甘い味が好きな人は、砂糖小さじ1をAに加えるとよい。

骨つき肉のチキンカレー （ゆったり）

骨つきもも肉を香ばしく焼いて、野菜は炒めてから煮込む

[材料]

鶏手羽元（ウィングスティック）……6本（300g）
にんにく（すりおろす）……1かけ分
玉ねぎ（みじん切り）……小1個（150g）
にんじん（すりおろす）……1/2本（100g）
サラダ油……大さじ1
水……3 1/2カップ
カレールウ……小1/2箱（50～60g）

[下ごしらえ]

❶鶏手羽元はコンロのグリルかフライパンに並べ、全体を中火で焼き色がつくまで焼く（中まで火が通らなくてよい）。

[煮る]

❷鍋にサラダ油とおろしにんにくを入れて強めの中火にかけ、炒めて香りを出し、玉ねぎ、にんじんの順に加えて、ややねっとりするまで10分くらい炒め、分量の水を加える。フツフツしたら、①の鶏肉を入れ、ふたをして弱火で30分煮込む。
❸いったん火を止め、カレールウを割って加え混ぜる。溶けたら、ふたをあけたまま弱火で10分ほどトロ～ッと煮込む。

MEMO✚鶏肉は煮込む前に焼いておくと、余分な脂肪も落ちてすっきり＆香ばしく仕上がります。野菜は炒めてから煮込むのが、コクやとろみを出すコツ。

チキンのクリーム煮 (ゆったり)

簡単ホワイトソースで、市販のルウは不要

[材料]

鶏胸肉……1枚（250g）
玉ねぎ……1/4個（50g）
カリフラワー……1/2株（150g）
生マッシュルーム……4個（50g）
バター……大さじ1
小麦粉……大さじ2
水……1/4カップ
牛乳……2カップ
ベイリーフ……1/2枚
塩……小さじ1/4
こしょう（白）……少々

[切る]

❶玉ねぎは繊維に沿って薄切りにする。カリフラワーは小房に切り分ける。生マッシュルームは縦二つに切る。
❷鶏肉は一口大のそぎ切りにする。

[ホワイトソースを作る]

❸厚手の鍋にバターを入れて中火にかけ、玉ねぎを加えて3分くらい炒める。小麦粉をふり入れて弱火で1〜2分炒める。
❹いったん火を止め、分量の水を加えゴムベラなどでなめらかに混ぜる。牛乳は何回かに分けて加え、ベイリーフも加えて弱火で5分煮る。

[具を入れて煮る]

❺フツフツしているところに鶏肉、カリフラワー、生マッシュルームを加え、ごく弱火で15〜20分煮込み、塩、こしょうで味を調える。鍋底が焦げないようにときどき木ベラで混ぜる。

チキンソテー (はやい)

皮をパリッと焼き上げるのが
おいしいコツ

[材料]

鶏もも肉……小2枚 (400g)
塩……小さじ1/2
粗びきこしょう……適量
サラダ油……小さじ1/2

[下ごしらえ]

❶鶏もも肉は黄色い脂を取り除き、火の通りをよくするために厚みのあるところに切り目を入れて均一の厚さに開き、塩、こしょうを全体にふる。

[焼く]

❷フライパンを熱してサラダ油をなじませ、強めの中火で鶏肉を皮から焼く。ふたをして約5分焼き、皮がパリッと濃いきつね色になったら裏返し、ふたを取って3〜4分焼いて火を通す。皮を上にして器に盛る。フォークとナイフを添えて。

MEMO✛肉は焼く30分くらい前に室温に出しておいてください。つけ合わせは、粉ふき芋 (p.38参照) やブロッコリーの塩ゆでなどを。レモンを絞って食べてもいい。塩はせず、にんにくじょうゆをかけて食べてもおいしい。

筑前煮

鶏肉、こんにゃく、根菜を照りよく煮含めて

(材料)

干ししいたけ……2〜3枚
ごぼう……1/2本（100g）
れんこん……1/2節（100g）
にんじん……1/2本（100g）
こんにゃく……1/2枚（100g）
鶏もも肉……100g
ごま油……小さじ2
干ししいたけの戻し汁……1/2カップ
A［しょうゆ・酒・みりん各大さじ1］

切る

❶干ししいたけは水かぬるま湯で戻し、縦横四つに切る。戻し汁はとっておく。

❷こんにゃくは食べやすい大きさに切る。にんじんは一口大の乱切りにする。ごぼうとれんこんは一口大の乱切りにしてサッと水で洗う。

❸鶏もも肉は黄色い脂を取り除き、小さめの一口大に切る。

下ゆで

❹鍋にごぼうとれんこん、たっぷりの水（3カップくらい）を入れて火にかける。フツフツしてきたら、こんにゃくを加えてふたをし、5分ゆでて水けをきる。

煮る

❺鍋にごま油を熱してしいたけと鶏肉を炒め、全体がアツアツになって油が回ったら、Aを加え、コテッと煮る。

❻⑤に下ゆでした④の材料とにんじん、戻し汁（なければ水またはだし）を加えて、ふたをして強めの中火で、7〜8分汁けがなくなるまで煮る。

鶏すき鍋

安くてうまい!
鶏肉が主役のこんなすき焼きあった?

[材料] (2~3人分)
鶏こま切れ肉……300g
木綿豆腐……1丁 (300g)
しらたき……1袋 (200g)
白菜……2~4枚 (300g)
ねぎ……1本 (100g)
えのきだけ……小1パック (100g)
春菊……1/2ワ (100g)
A [水・しょうゆ・みりん・酒各1/4カップ]
卵……2~3個

[切る]

❶白菜は軸と葉に切り分け、軸は繊維に沿って細切り、葉はザク切りにする。ねぎは1cm幅の斜め切りにする。えのきだけは石づきを切り落とし、ほぐす。春菊は3~4cm長さに切る。

❷木綿豆腐は八等分のやっこに切る。しらたきはよく洗い水けをきり、食べやすい長さに切る。

[作りながら食べる]

❸鍋にAを煮立て、鶏こま切れ肉を入れる。肉の色が完全に変わったら豆腐、しらたき、白菜の順に入れて煮る。

❹❸がアツアツになったら、ねぎ、えのきだけ、春菊の順に加え、ふたをしてザッと煮、ふつうのすき焼きと同様に各自で取り分け、溶き卵にからめながら食べる。

鶏肉のピカタ

**たっぷりの溶き卵につけて
こんがり焼くと、鶏肉がジューシーでうまい！**

[材料]
鶏むね肉（皮なし）……大1/2枚（150g）
塩……小さじ1/4
小麦粉……大さじ2くらい
卵……1個
オリーブ油……小さじ2〜3
バター……小さじ1

[切る]
❶皮なしの鶏むね肉は包丁を斜めに入れて薄くそぎ、6〜8枚のそぎ切りにする。塩を均一にふり、小麦粉をまぶす。

[焼く]
❷卵を溶きほぐす。
❸フライパンに油とバターを熱し、鶏肉に溶き卵をたっぷりとつけて入れ、両面を弱めの中火で焼く。こんがりとよい色になったら取り出す。塩を控えめにし、ケチャップやソースで食べても美味。

鶏のから揚げ

**肉に下味をつけて片栗粉をまぶし、
すぐ揚げるのがコツ**

[材料]
鶏もも肉……1枚（300g）
A［しょうが（すりおろす）小さじ1　しょうゆ大さじ1
　　酒大さじ1/2　こしょう適量　ごま油2〜3滴］
片栗粉……大さじ3
揚げ油……適量

[切る]
❶鶏もも肉は黄色い脂を取り除き、大きめの一口大に切ってボウルに入れAの下味をもみ込み、片栗粉をまぶす。

[揚げる]
❷揚げ油を中温（180℃）に熱し、鶏肉の皮を下にして次々に入れる。2分くらいは箸でいじらず、見守る。衣がしっかりしてきてこんがり揚げ色がついたら裏返す。

❸油の温度を中温に保ち、火が通ったら火を少し強め、再び皮を上にしてカラリと揚げ、よく油をきって引き上げる（揚げ方のコツp.332参照）。

鶏のくわ焼き

昔、農作業の合間に鍬(くわ)の上で
焼いて食べたのが始まり

[材料]

鶏肉（もも、むねなど好みの部位）……1枚（300g）
片栗粉……大さじ2
チンゲンサイ……1株
サラダ油……大さじ2
塩……少々
A［しょうゆ大さじ1　酒・みりん各大さじ1/2
　砂糖小さじ1/2］

[切る]

❶チンゲンサイは葉と軸に切り分け、軸は縦四つ割りにし、ボウルに水を入れザブザブ洗う。
❷鶏肉は黄色い脂を取り除き、厚みのある肉の部分に包丁で切り目を入れ、均等の厚さに開く。大きめの一口大に切り、片栗粉をまぶす。むね肉はそぎ切りにする。

[焼く]

❸チンゲンサイはサラダ油大さじ1で強火でシャキッと炒め、塩少々をふって器に盛る。
❹サラダ油大さじ1を足し、鶏肉の皮目を下にして並べ、中火で両面をこんがり焼く。
❺一度火を止め、熱湯を1カップ（分量外）注ぎ、火をつけて煮立ったらふたで押さえて湯をこぼす。Aを加えて、フライパンを揺すりつつ鶏肉にからませ、チンゲンサイの上に盛る。

棒々鶏
（バンバンジー）

練りごまでたれを作れば、
おなじみ料理も簡単！

[材料]

鶏むね肉……1枚（250g）
塩……1つまみ
もやし……1/2袋（100g）
きゅうり……1本（100g）
ごまだれ［練りごま（白）大さじ2　みりん・しょうゆ・米酢各大さじ1］
鶏肉のゆで汁……大さじ1〜2

[ゆでる]

❶鶏むね肉は塩1つまみを加えた熱湯2カップ（分量外）でゆで、ゆで汁につけたまま冷ます。手で1cmくらいの太さに裂く。ゆで汁はとっておく。
❷もやしはザッとゆで、水けをよくきる。

[切る　たれを作る]

❸きゅうりは細切りにする。ごまだれは調味料の記載順に混ぜ、少しずつ鶏のゆで汁を加えて、とろりとしたたれを作る。
❹器にもやし、きゅうり、鶏肉を盛り、ごまだれをかける。残ったゆで汁は、スープに使うとよい。

フライドチキン（ゆったり）

**下味をつけて冷蔵庫で一晩。
味がワンランク上と大好評！**

[材料]

鶏手羽元（ウィングスティック）……6〜8本（400g）
A［牛乳1/2カップ　レモン汁小さじ2
　　塩・カレー粉・パプリカ・こしょう各小さじ1/8くらい］
衣［小麦粉1/2カップ　塩小さじ1/4
　　カレー粉・パプリカ・ガーリックパウダー・
　　こしょう各小さじ1/8］
揚げ油……適量

[下ごしらえ]

❶鶏手羽元の水けをふき、Aを合わせた中に浸して一晩冷蔵庫に入れて、下味をつける。

[揚げる]

❷①の汁けを軽くふく。ボウルに衣を合わせて①にまんべんなくまぶす。

❸揚げ鍋に油を2〜3cmくらいの高さに入れ、中温（180℃）に熱し、②をキュッとにぎって粉を落ちつかせて入れる。ふたをして揚げ、7〜8分したら水滴が油に落ちないように注意してふたをあけ、裏返す。さらにふたをして5分。仕上げにふたを取り、衣を空気に触れさせ、水分をとばすようにしてきつね色にカラリと揚げる（p.331参照）。

MEMO✚牛乳につけて冷蔵庫に一晩入れておいた鶏肉は、臭みも消え、肉質もふっくら。時間がないときでも、最低30分以上は牛乳入りの下味につけ込むのが、おいしさの秘訣です。

つくねのじか煮 (はやい)

**干ししいたけも戻さず、
そのまま鍋に入れて煮るだけ**

材料

鶏ひき肉……200g
A [しょうゆ小さじ1/2　酒小さじ2
　しょうが（すりおろす）小さじ1/4　片栗粉小さじ2]
干ししいたけ（軸をポキッと折る）……小4枚
湯……1 1/2カップ
B [しょうゆ・酒・みりん各大さじ1]

下ごしらえ

❶ボウルに鶏ひき肉とAを入れ、よく混ぜる。

煮る

❷鍋に分量の湯を沸かし、干ししいたけを入れ、ふたをして中火で5分煮る。しいたけがふくらんだらBを加える。

❸①を一口大のだんごに丸め、②の鍋に次々に入れ、全部入れたらふたをし、中火で10分煮る。最後に鍋を揺すって汁をからめ、照りを出す。

MEMO✚干ししいたけは、戻してから使うのが常識。でも、料理によっては乾燥したままじかに煮てしまっても平気。煮ている間にしいたけは戻るし、だしも煮汁に溶け出すので、手間いらずの一石二鳥。独特の歯ごたえが特別のうまさ。
干ししいたけをじか煮するときは、まず軸を取るのを忘れずに。かさについている軸のつけ根をポキッと折ります。

ドライカレー

**ご飯にのせて
混ぜながら食べよう**

[材料]
合いびき肉……200g
ピーマン……1個
セロリ……15cm
にんにく……1/2かけ
しょうが……少々
ベイリーフ……1/2枚
サラダ油……小さじ2
A [カレー粉・しょうゆ・ウスターソース各小さじ2
　塩小さじ1/2　砂糖・こしょう各小さじ1/4]

[切る]
❶ピーマン、セロリ、にんにく、しょうがはみじん切りにする。

[炒める]
❷フライパンを強めの中火にかけ油をなじませ、熱くならないうちににんにく、しょうがを炒める。香りが立ったら、合いびき肉、ベイリーフを加えて炒める。
❸肉の色が変わったらピーマン、セロリも加えて強火で炒める。Aを加え、パラパラになるまで炒める。

MEMO✤近頃の市販のカレー粉は、スパイスの配合が充実し本格的な香りと味を楽しめます。でき上がりは冷蔵庫で3〜4日は持つので作りおきがききますが、食べるときはそのつど温め直して。

肉だんご

たっぷりねぎ入りで
風味とうまさがアップ！

[材料]

豚ひき肉（赤身）……200g
ねぎ（みじん切り）……1カップ
A［パン粉1/2カップ　卵S1個　塩小さじ1/4　水大さじ2］
しょうが（すりおろす）……小さじ1
揚げ油……適量
からし酢じょうゆ……適量

[肉だんごを作る]

❶Aの材料を混ぜ合わせ、しとらせておく。
❷豚ひき肉とねぎ、しょうがを混ぜ、①も加えて混ぜ合わせ、直径3cmほどのだんごに丸める。

[揚げる]

❸揚げ油を中温（180℃）に熱し、肉だんごを次々に入れる。途中で火を少し弱め、中温を保つ。中までしっかり火が通ったら、油をよくきって引き上げる。器に盛り、からし酢じょうゆで食べる。

あんかけ肉だんご (ゆったり)

**カラリと揚げた肉だんごに
甘酢あんをとろ〜りとかけて**

[材料]

豚ひき肉（赤身）……200g
ねぎ（みじん切り）……1カップ
A［パン粉1/2カップ　卵S1個　塩小さじ1/4　水大さじ2］
しょうが（すりおろす）……小さじ1
B［水1カップ　しょうゆ・砂糖・米酢・片栗粉各大さじ1］
ごま油……小さじ1/2
揚げ油……適量

[肉だんごを作る]

❶Aの材料を混ぜ合わせ、しとらせておく。
❷豚ひき肉とねぎ、しょうがを混ぜ、①も加えて混ぜ合わせ、直径3cmほどのだんごに丸める。

[揚げる]

❸揚げ油を中温（180℃）に熱し、肉だんごを次々に入れる。途中で火を少し弱め、中温を保つ。中までしっかり火が通ったら、油をよくきって引き上げ器に盛る。

[あんを作る]

❹小鍋にBを合わせて木しゃもじで混ぜながら中火にかける。フツフツしてとろみがついてきたら火を止め、ごま油を落として肉だんごの上にとろ〜りとかける。

ハンバーグ

焼いてから蒸し焼きに。
この方法なら誰でも失敗なく上手にできる

[材料]（作りやすい分量として4個分）
牛ひき肉……400g
玉ねぎ（みじん切り）……1/2個
A［卵1個　牛乳1/4カップ　パン粉1カップ］
塩……小さじ1/2
こしょう……少々
サラダ油……小さじ1
ソース（2人分）［水1/4カップ　ケチャップ大さじ2
　　酒大さじ1/2　ウスターソース大さじ1
　　しょうゆ小さじ1/2　バター1cm角］

[肉ダネを作る]
❶玉ねぎはサラダ油少々（分量外）でちょっと透き通るくらいまで中火で炒めて冷ます。
❷ボウルにAを混ぜ合わせ、しとらせておく。
❸別のボウルに牛ひき肉を入れ、塩、こしょうをふって手でつかむように2〜3回混ぜたら、①と②を加え、よく混ぜる。

[焼く]
❹手にサラダ油（分量外）をつけて③の肉ダネを四等分し、両手でキャッチボールをしながら中の空気を抜く。ハンバーグ形に整え、中央を指先で押さえて少しへこませる。
❺フライパンを温め、サラダ油をなじませ、ハンバーグを並べ入れる。中火で焼き色がつくまで焼き、裏返して軽く焼く。
❻湯をハンバーグの高さの1/2くらいまで注ぎ、強火でふたをして蒸し焼きにする。中まで火が通り、水分がなくなったらハンバーグを器に盛る。
❼フライパンは洗わずにソースを作る。ソースの材料をバターを除いてすべて入れてフツフツと煮立てる。とろ〜りとしたら火を止めてバターを落とし、溶けたらハンバーグにかける。

MEMO♣ハンバーグは4個分できるので、余りは冷凍保存を。ただし生のまま冷凍すると味が落ちるので、焼いたものを保存します。冷凍する分は1個ずつぴっちりラップで包み、保存袋に入れて冷凍します。食べるときはレンジ加熱し、ソースを作ってとろりとかけます。

また焼き方にもコツあり。ハンバーグの両面に焼き色がついたら湯を加えて蒸し焼きします。これで表面は焼けているのに中はまだ生焼け、なんて失敗は絶対なし。

肉

メンチカツ

**たっぷりキャベツを混ぜて
口あたりやわらかでうまい！**

【材料】

合いびき肉（赤身）……150g
塩……小さじ1/4
ウスターソース……小さじ1/2
キャベツ（みじん切り）……1～2枚（100g）
玉ねぎ（みじん切り）……大さじ2（25g）
ピーマン（みじん切り）……小1個
サラダ油……小さじ2
衣
　┌小麦粉……適量（大さじ2くらい）
　│溶き卵……S1個分
　└パン粉……適量
揚げ油……適量
好みのソース……適量

【肉ダネを作る】

❶サラダ油でザッと玉ねぎを炒める。
❷ボウルに合いびき肉と塩、ウスターソースを混ぜておく。
❸キャベツ、玉ねぎ、ピーマンを②のボウルに加えて混ぜ合わせ、四等分して少し平たい楕円形（ハンバーグよりずっと薄く）にまとめる。

【揚げる】

❹③に小麦粉をしっかりまぶし、溶き卵をくぐらせ、パン粉をつけてもう一度形をよく整える。揚げ油を低めの中温（170℃）に熱して一つずつ次々に入れて揚げる。ウスターソースやとんかつソースなど好みのソースをかけて食べる。

MEMO✚肉ダネを楕円形にまとめるときは、両手でキャッチボールをするようにして手のひらに打ちつけ、中の空気を出すこと。空気が入っていると、揚げているうちにパンクしやすくなります。

魚介料理

豊富な魚介類を使って、
ぜひ作りたい
魚・いか・えび・かに・貝・
たらこ・魚肉加工品・海藻
その他の料理レシピ

44点

あじの南蛮漬け

中温の油でじっくり揚げるのが
おいしくなる秘訣!

[材料]

あじ(豆あじ)……200g
小麦粉……大さじ2〜3
揚げ油……適量
A［しょうゆ・米酢・砂糖各大さじ2］
にんじん……1/2本(100g)
玉ねぎ……1/2個(100g)
しょうが……小1かけ(5g)
赤とうがらし(ヘタと種を除く)……1本

[切る]

❶にんじんは斜め薄切りにしてからせん切りにする。玉ねぎは繊維に沿った薄切りに。しょうがは皮ごと繊維に沿って薄切りにしてせん切りにする。

[揚げる]

❷あじはぜいごと内臓を取って水けをふき、小麦粉をまぶす。
❸中温(180℃)に熱した揚げ油にあじを入れ、衣がしっかりするまではいじらない。ときどき空気に触れさせながら、時間をかけて中骨まで食べられるようにカラリと揚げる。
❹Aを合わせたつけ汁に、にんじん、玉ねぎ、しょうが、赤とうがらしとアツアツのあじをつけ込む。10分ほどでできあがり。すぐ食べてもよし、一晩冷蔵庫におき、味がしっかりしみ込んだものもおいしい。

MEMO✚近所の魚屋さんと仲よくなっておくと、魚の下ごしらえも気軽に頼めて何かと便利。あじの代わりにいわしを使った南蛮漬けもおすすめです。

いわしのかば焼き

かば焼きは、うなぎだけに限りません

[材料]

いわし……大2尾（または小4尾）
A［しょうゆ・酒・水各大さじ1
　みりん・砂糖各大さじ1/2］
小麦粉……適量（大さじ1～2）
サラダ油……大さじ1/2
粉ざんしょう……適量

[下ごしらえ]

❶いわしは頭を落として内臓を出し、水でよく洗って水けをふく。中骨に沿って手開きにし、中骨をはずす（下ごしらえをして開いたものを売る店もあるので、これを買えばもっと簡単）。
❷Aを小鍋で1～2分弱めの中火で煮立て、バットなどに入れる。

[焼く]

❸いわしは水けをふき、両面に小麦粉を薄くまぶす。
❹フライパンを中火で熱し、サラダ油をなじませ、いわしを身のほうから焼く。焼き色がついたら、裏返して皮側もこんがり焼く。
❺焼けたものから②のたれにつけて両面をからめ、器に盛りつける。好みで粉ざんしょうをふる。

MEMO✤いわしを焼いている間に出た脂は、そのつど紙タオルなどで吸い取ると、こんがりと焼き上がります。
たれはフライパンのいわしに回しかけて煮からめてもよく、焼いたねぎやししとうがらしを添えて、どんぶり物にしても。

かつおの自家製たたき

フライパン一つでできる、目からウロコの一品!

[材料] (作りやすい分量)

かつお(刺身用)……小1/4節(250gくらい)
サラダ油……小さじ1
玉ねぎ…1/2個(100g)
細ねぎ……2〜3本
A [にんにく・しょうが(各すりおろす)各小さじ1
　米酢小さじ1/2　しょうゆ大さじ1 1/2]

[切る]

❶玉ねぎは繊維に沿って薄切りにする。細ねぎは小口切りにする。

[焼く]

❷フライパンを強めの中火で熱してサラダ油をなじませ、強めの中火でかつおの表面をサッと焼く。表面の色が変わったらすぐ氷水につける。熱が取れたら水けをしっかりふく。中が完全に冷たくなるまで冷蔵庫に入れておく。

❸かつおを1cm厚さに切って器に盛りつける。Aを合わせてかつおに回しかける。玉ねぎと細ねぎをたっぷりと散らす。

MEMO✚薬味には青じそやみょうがのせん切りなどもよく合います。

かつおの山かけ（はやい）

**旬のかつおは
まぐろに負けないおいしさ**

[材料]

刺身用かつお（2cm角のぶつ切り）……150g
長芋……約10cm（150g）
細ねぎ（小口切り）……2〜3本
しょうゆ……小さじ2
練りわさび……適量

[すりおろす]

❶長芋は皮をむいてすりおろす。持つところは少し残して皮をむくと扱いやすい。

[あえる]

❷ボウルにわさびとしょうゆを合わせ、かつおをあえ、器に盛りつける。上から①のとろろをかけ、細ねぎを散らす。

MEMO✚かつおの場合はわさびのほか、おろししょうがや溶きがらしを混ぜてもおいしいので、いろんな味が楽しめます。

魚介類

簡単田作り

おせちの供だけど、カルシウムたっぷり。
常備菜にしよう

[材料]（作りやすい分量）
ごまめ（田作り）……1カップ
A［砂糖・しょうゆ・みりん各大さじ1］
いりごま（白）……大さじ1

[いる]
❶ごまめはフライパンで弱めの火加減でパリッとするまでよくいる。いったらすぐ目の粗いざるに入れて、ふるってごみを落とす。

[からめる]
❷きれいにしたフライパンにAを入れて弱火で煮立て、少し煮詰め、とろりとしてきたら、火を止めて、すぐに①のごまめを入れ、手早くからめる。
❸いりごまを加えて混ぜ、すぐに器にとり、広げて冷ます。

MEMO➕でき合いのものとは一味も二味も違うわが家の田作り。強火でいるとすぐ焦げて苦くなるので、必ず弱めの火でゆっくりいります。寒い季節なら2週間は保存可能です。

さけのタルタルソース

甘塩ざけの切り身で、美味な洋食に

[材料]

甘塩ざけ（切り身）……2切れ
セロリ……1/2本
ミニトマト……6個
レモン（くし形切り）……2切れ
A［白ワイン1/4カップ　水1/2カップ　ベイリーフ1/2枚］
タルタルソース［マヨネーズ大さじ2　牛乳大さじ1
　きゅうりのピクルス小1本（刻む）大さじ2］

[切る]

❶セロリは筋を取って6～7cmの長さに切り、太いところは縦二つ～三つに切る。葉は大きくちぎる。ミニトマトはヘタを取る。きゅうりのピクルスはみじん切りにしてタルタルソースの材料を混ぜ合わせておく。

[煮る]

❷鍋にAとセロリの茎を入れ、強火にかける。フツフツ沸いたらさけを並べ入れ、セロリの葉も入れ、ふたをして中火で5～6分煮る。最後にミニトマトを入れ、サッと火を通す。
❸器にさけを盛り、タルタルソースをかける。セロリ、ミニトマト、レモンを添える。レモンはさけに絞って食べる。

MEMO✚ミニトマトもサッと火を通すと、皮がプチッとはじけて口あたりがよくなり、魚となじんだ味わいになります。

さけそぼろ

おにぎり、お茶漬け、お弁当に
大活躍の自家製そぼろ

[材料]（作りやすい分量）
塩ざけ（切り身）……2切れ（150〜200g）
酒……大さじ2
薄口しょうゆ……少々

[ゆでてほぐす]
❶塩ざけは熱湯1カップ（分量外）に入れて中までしっかりゆで、水けをきって冷まし、皮と骨を除きながら身をほぐす。

[いる]
❷鍋の中を水でぬらしてほぐしたさけの身を入れ、酒を加えて中火でいり、水分が少なくなったら弱火にして木ベラでさらにいる。
❸水分がなくなったら味をみて、足りないようなら薄口しょうゆで味を調える。

MEMO✚魚屋さんに「さけのあら、ありますか？」と尋ねると、けっこう安くゆずってもらえることも多く、ほどよい脂も入っています。切り身で作るより、ほぐす手間はかかりますが、おいしく作れます。

さばのケチャップあんかけ

**揚げたてのさばに
甘酢あんをとろ〜りとかけて**

[材料]
さば（三枚おろし）……大1枚（200g）
牛乳……1/2カップ
片栗粉……適量
揚げ油……適量
A［砂糖・しょうゆ各小さじ2　ケチャップ大さじ1
　水1/4カップ］
B［米酢大さじ1　片栗粉小さじ1］

[下ごしらえ]
❶さばは水けをふき、一口大に切る。これを小さめのバットなどに入れ、牛乳を加えて浸し、ラップでじかにかぶせて表面を平らにする。30分以上おく（60分以上おくときは冷蔵庫に）。

[揚げる]
❷さばの水けをふき、片栗粉をしっかりまぶす。揚げ油を中温（170〜180℃）に熱し、さばを手で軽くにぎって粉を落ちつかせてから入れて、カラリと揚げ、器に盛りつける。
❸小鍋にAを合わせて煮立て、Bの酢で溶いた片栗粉を加えてとろみをつけ、ケチャップあんを作る。アツアツをさばにかける。

MEMO✛牛乳にしばらくつけておくのが青魚の生臭みを取るコツ。にんじん、ピーマン、しいたけなどをいっしょに揚げてケチャップあんにからめてもおいしい。

さばの竜田揚げ

さばとちょっと甘いさつま芋は
おいしい組み合わせ！

[材料]
さば（三枚おろし）……大1枚（200g）
さつま芋……小1本（150g）
A［しょうが（皮ごとすりおろす）小さじ1
　しょうゆ・みりん各大さじ1］
小麦粉または片栗粉……大さじ2〜3
揚げ油……適量

[下ごしらえ]
❶さばは水けをふき、2cm幅くらいの一口大に切り、Aに30分以上つける（60分以上おくときは冷蔵庫に）。
❷さつま芋は皮ごと1cm厚さの輪切りにする。

[揚げる]
❸さばの水けをよくふき取り、粉をしっかりまぶす。揚げ油を火にかけ、すぐにさつま芋を入れ、徐々に中温（180℃）に上げる。
❹中温になったら、さばを油に次々に入れ、途中さつま芋が揚がったら先に引き上げる。

MEMO✚揚げ物には、ちょっと甘いつけ合わせが合うんです。さばにまぶす粉は小麦粉でも片栗粉でもOK。どちらでもおいしく揚がります。

さばの煮つけ

しょうが風味をほどよくきかせるのがコツ

材料

さば……2切れ（1切れ80〜100g）
しょうが（薄切り）……3〜4枚
A［酒1/4カップ　しょうゆ・みりん各大さじ2
　砂糖大さじ1/2　水1/2カップ］

下ごしらえ

❶さばは水けをふき、皮にスッと包丁目を入れる。こうすると味がからみやすく、皮が煮ているときにきれいにはじけるが、忘れても問題ない。

煮る

❷鍋にAを入れて強めの中火で煮立て、さばの皮を上にして並べ、しょうがを散らして煮る。

❸フツフツしてきたら、落としぶたまたはふたをする（つねに汁が煮立っている状態の火加減。中火より弱めてはいけない）。ときどき汁を上からかけ、7〜8分煮る。魚全体に火が通ったら火を止める。しょうがとともに盛りつける。

MEMO✤魚は重ねて煮ないこと。4人分を作るときは広口の鍋で煮るようにします。

さばのみそ煮

最後にみそだれをこっくりからめる

材料
さば……2切れ（1切れ80～100g）
A［みりん・しょうゆ各大さじ1　酒1/2カップ
　水1/2カップ］
みそだれ［みそ大さじ1　砂糖大さじ1/2
　みりん大さじ1　水1/4カップ］

下ごしらえ
❶さばは水けをふき、皮にスッと包丁目を入れる。こうすると味がからみやすく、皮が煮ているときにきれいにはじけるが、忘れても問題ない。みそだれは混ぜ合わせておく。

煮る
❷鍋にAを入れて火にかけ、沸騰したら、さばの皮を上にして並べる。強めの中火でふたをして5～6分煮る。ときどき煮汁を回しかける。

❸煮汁が少なくなり、魚にほぼ火が通ったら、みそだれを加え、お玉で煮汁をかけてなじませ、2～3分煮たら火を止める。

さんまの梅煮 (はやい)

**塩焼きとはまた違ったうまさ。
お弁当にも**

材料
さんま……2尾
A［酒・しょうゆ・砂糖各小さじ2　水大さじ3］
しょうが（皮つきのまま薄切り）……3〜4枚
梅干し……大1個（20g）

下ごしらえ
❶さんまは頭と内臓を取り、三つ〜四つの筒切りにする。梅干しは二つくらいにほぐす。種は入れてもいいけれど、最後に取り出すのを忘れずに。

煮る
❷鍋にA、梅干しを入れて煮立て、さんまとしょうがを順に加えて強めの中火で10分煮る。味をからめて仕上げる。

MEMO✚さんまは調理する前に、海水くらいの塩水で洗ってから使うと、身が締まっておいしい。魚を煮るときは、煮汁をフツフツ煮立てたところに入れること。そうでないと生臭みが残ってしまいます。また煮汁の中にたくさんの魚を一度にドサッと入れるのも急激に煮汁の温度を下げる原因に。

さんまの塩焼き

シンプルな料理こそ、もっとおいしく!

[材料]
さんま……2尾
塩……小さじ1/4
大根おろし……5cm分
すだち(二つに切る)……1個

[下ごしらえ]

❶さんまは焼く30分前には冷蔵庫から室温に出して水けをふく。少し高い位置からパラパラと均一に塩をふって5〜10分ほどおく。

[焼く]

❷ガス台のグリルの天パンと網を水でサッとぬらし、さんまを並べてグリルに入れ、火をつける。

❸こんがりおいしそうな焦げ目がついたら裏返し、火が通るまで焼き、大根おろしやすだちを添えて盛りつける。しょうゆ少々を落として食べる。

MEMO♣さんまの塩焼きは鉄のフライパンでも、上手に焼けます。その場合は、さんまを海水程度の塩水(水3カップに塩大さじ1の割合)に20〜30分つけておきます。これを「立て塩」といいます。鉄のフライパンならカンカンに熱くしてから、水けをきったさんまを並べます。油は不要。強めの中火でフライ返しがスッと入るようになるまで焼き、裏返して中火でさらに焼きます。魚が焼けたかどうか知る目安は、目玉が真っ白に変わっていること。

白身魚のムニエル

**香ばしく焼き上げるコツは、
粉をまぶしたらすぐに焼く**

[材料]
白身魚（たい、さわら、すずきなどの切り身）……2切れ
塩……小さじ1/4
こしょう……少々
小麦粉……適量
A［オリーブ油・バター各小さじ2］
ソース［マヨネーズ・牛乳各大さじ1］
レモン（くし形切り）……2切れ

[下ごしらえ]
❶魚は焼く30分前には冷蔵庫から室温に出して、水けをふく。塩、こしょうを全体にふる。焼く直前に魚の両面に小麦粉をふる。

[焼く]
❷フライパンにAを入れて中火にかけ、バターが溶けてきたら魚を並べ4〜5分焼く。こんがりと焼き色がついたら裏返して、2〜3分同様に焼く。
❸焼いている間にソースの材料をよく混ぜておく。②の魚を器に盛りつける。焼き上がった魚にソースをかけ、レモンを魚に絞って食べる。

MEMO✛ムニエルを香ばしく焼くコツは、魚の水けをよくふき、小麦粉をまぶしたらすぐに焼くこと。粉をまぶしてから時間をおくと、水けが出て、こんがりにはなりません。またふたをすると早く火が通りますが、衣がカリッとしにくくなるので、最後にふたを取って水分をとばすことも忘れずに。

魚介類

白身魚の五目あんかけ

淡白な白身魚も
野菜たっぷりの甘酢あんでごちそう

[材料]

白身魚の切り身(たら、たい、むきがれいなど)……2切れ
片栗粉……大さじ2
揚げ油……適量
A
- ゆでたけのこ……小1/2本(100g)
- にんじん……5cm
- 玉ねぎ……1/4個(50g)
- 干ししいたけ……2枚
- しょうが(せん切り)……少々

B[戻し汁1/2カップ　トマトケチャップ・米酢各小さじ2
　砂糖・酒各小さじ2　薄口しょうゆ大さじ1]
水溶き片栗粉[片栗粉・水各大さじ1]
細ねぎ……2〜3本
ごま油……小さじ1/2

[切る]

❶干ししいたけは水またはぬるま湯1カップくらいで戻し、細切りにする。戻し汁はBで使う。たけのことにんじんはマッチ棒くらいの細切りにする。玉ねぎは繊維に沿った薄切りにする。細ねぎは4cm長さに切る。

[揚げる あんを作る]

❷白身魚の切り身は水けをふいて片栗粉をしっかりまぶす。中温(180℃)に熱した揚げ油でカラリと揚げる。器に盛りつける。

❸鍋にBを合わせ、Aの野菜類を入れ、フツフツしてきたら水溶き片栗粉でとろみをつけて火を止める。細ねぎとごま油を加えてひと混ぜして魚にかける。

鯛のかぶと煮 (ゆったり)

大根と煮ておいしい組み合わせは、ぶりだけにあらず

[材料]（作りやすい分量）
たいの頭（二つに割る）……1尾分の頭
しょうが（薄切り）……1かけ（5〜10g）
A［酒・水各1/2カップ　しょうゆ大さじ3　みりん大さじ5］

[下ごしらえ]
❶湯を沸かし、グラグラと煮立ったところに、たいの頭を1切れずつ入れる。表面に火が通ったらすぐに引き上げる。これを「霜降り」という。うろこをきれいに取り除く。

[煮る]
❷平鍋の中をザッと水でぬらし、Aを入れて煮立て、①のたいの頭としょうがを入れてふたを少しずらしてかけ、強めの中火で約15分煮る。

MEMO✚たいの頭を縦に二つ割りするのは、家庭の包丁では難しいので魚屋さんに頼みましょう。「かぶと煮を作るので」と伝えてみてください。

たら豆腐

大根おろしで豆腐を煮ると
フワーッとやわらかに

[材料]

甘塩たら…1切れ（80〜100g）
豆腐……1/2丁（200g）
だし……2カップ
A［酒・薄口しょうゆ各大さじ1　みりん小さじ2
　塩1つまみ］
ゆずの皮（せん切り）……適量
大根おろし……1カップ

[下ごしらえ]

❶甘塩たらは1切れを四つに切り、熱湯でサッとゆで、骨を取り除く。豆腐は四等分にやっこに切る。

[煮る]

❷鍋にだし、たら、豆腐を入れて強めの中火にかける。煮立ってきたらAを入れ、吸い物より少し濃いめに味をつける。
❸再び煮立って豆腐の中までアツアツになったら、軽く水けをきった大根おろしをポンポンポンとのせ、もう一度煮立ってきたら、ふたをして火を止める。この間、鍋の中は混ぜない。ゆずの皮を散らして食べる。好みで七味とうがらしや一味とうがらしをふってもおいしい。

たらときのこのホイル焼き

**下ごしらえからオーブントースターへ。
見映えのよい簡単料理**

[材料]

生たら……2切れ（1切れ80〜100g）
きのこ（しめじ、生しいたけなど）……合わせて150g
サラダ油……適量
レモン（くし形切り）……2切れ
塩……2つまみ
酒……小さじ2
バター……小さじ2

[下ごしらえ]

❶きのこは石づきを切り落とし、食べやすく切るか、ほぐす。
❷アルミ箔を20cmくらいの長さに切り、薄くサラダ油をぬる。1切れの生たらをのせて塩1つまみを全体にふる。
❸たらの上にきのこの1/2量をのせ、小さじ1の酒をかけ、小さじ1のバターをのせる。アルミ箔の四隅を持って舟形に包む。これを2人分作る。

[焼く]

❹③をオーブントースターの天パンにのせ15分焼く。オーブンなら230℃に温めて、10分焼く。
❺アルミ箔ごと器に盛りつけ、レモンを絞って食べる。しょうゆ少々をかけてもおいしい。

中国風刺身サラダ

**新鮮な刺身に野菜をたっぷりあえて。
中国風のたれで食べる**

[材料]

刺身の盛り合わせ（まぐろ、はまち、たい、ひらめ、甘えび、
　貝柱など）……2人前
大根……2cm
きゅうり……1/2本
ねぎ……15cm
貝割れ菜……1/2パック
細ねぎ（小口切り）……2本
青じそ（せん切り）……5枚
たれ［しょうゆ大さじ1 1/2　米酢大さじ1/2　酒小さじ1
　ごま油・豆板醤(トウバンジャン)・砂糖各小さじ1/2
　にんにく（すりおろす）・しょうが汁・いりごま（白）各少々］

[切る]

❶大根は薄い輪切りにしてからせん切りにする。きゅうりは斜め薄切りにしてからせん切りにする。ねぎは3～4cm長さに切り、縦に包丁を入れて開き、せん切りにする。貝割れ菜は根を切り落とす。

❷①の野菜類は冷水に放ってパリッとさせ、水けをきっておく。

[あえる]

❸たれの材料を合わせる。器に刺身と②の野菜を盛り合わせて、青じそ、細ねぎを散らす。食べるときにたれを回しかけ、全体を混ぜ合わせる。

MEMO✤バリエーションとしてパリッと揚げたワンタンの皮（4～5枚）を細かく砕いて、トッピングすると、香ばしい風味と歯ざわりが加わります。刺身はまぐろ、はまち、たい、ひらめ、甘えび、貝柱など、なんでもOKです。

にしんの甘露煮(かんろに)

ご飯、そば、酒のさかなに合う、懐かしい一品

[材料]

生干しにしん（二つ〜三つにそぎ切り）……半身2枚
A［砂糖大さじ1　酒・みりん・しょうゆ各大さじ1 1/2］

[下ごしらえ]

❶生干しにしんは、かまのところを少し切り落とす。たっぷりの湯を沸かしサッとゆでて汚れを落とし、水けをきる。小骨は取る。

[煮る]

❷鍋の中を水でぬらし、Aを入れて煮立て、下ゆでしたにしんを入れ、中火でからめるように煮る。途中でにしんを裏返す。仕上げは鍋を揺すって両面につやを出す。

ねぎツナ

もう一品、というときのスピード和風小鉢

[材料]

細ねぎ……4〜5本
ツナ缶詰（油漬けでも水煮でもOK）……小1缶
A［しょうゆ大さじ1/2　溶きがらし小さじ1］

[下ごしらえ]

❶ツナは缶汁をきっておく。細ねぎは小口切りにする。

[あえる]

❷ボウルにAを溶き混ぜ、ツナと細ねぎを入れてあえる。

MEMO♣好みで大根おろしやレモンを添えてもよく合う。

ぶり大根

"あら"ならではのうまみが大根にしみて

材料 (作りやすい分量)
ぶりのあら……1山 (500g)
大根……1/2本 (600g)
A [しょうが1/2かけ　酒・しょうゆ各大さじ3
　みりん大さじ1]
水……1～1 1/2カップ

下ごしらえ

❶大根は1.5cm厚さの輪切りか半月に切る。鍋に入れ、かぶるくらいの水 (3カップくらい) を加え、中火にかけふたをする。竹串がスッと通るまで15～20分下ゆでして水けをきる。しょうがは薄切りにする。

❷ぶりのあらは①の湯でゆでて、霜降り (p.159参照) にしておく。

煮る

❸広口の鍋の中をサッと水でぬらし、Aを煮立て、フツフツしてきたらぶりを入れる。はじめは強火、煮立ったら中火にし、つねにフツフツした状態で6～7分ふたをして煮る。味がついたら火を止め、ぶりをいったん取り出す。

❹③に大根を入れ、ヒタヒタになるまで分量の水を加え、強めの中火で煮る。仕上がりぎわに取り出したぶりを戻し、ふたをして火を止め、5分おく。

MEMO✚魚のあらは煮る前にサッとゆでて霜降りにしておくこと。臭みが取れて、途中のアク取りも楽に。そのとき、湯にあらを全部一度に入れると湯の温度が下がるので、次々に入れるのがコツ。

まぐろとわけぎのぬた

**刺身より安い「ぶつ」でも粋な味。
酒のつまみにもいかが**

材料
まぐろのぶつ……150g
酢……小さじ1/2
わけぎ……1/2ワ（50〜60g）
しょうゆ……少々
酢みそ［みそ大さじ1　砂糖・みりん・米酢各小さじ1
　溶きがらし小さじ1/4］

下ごしらえ

❶湯を沸かしグラグラ煮立ったら、わけぎを根のほうから入れてサッとゆで、ざるに広げて冷ます。

❷①のわけぎを二つに切って揃え、しょうゆをちょっとふって軽く水けを絞り、3〜4cmくらいの長さに切る。

❸まぐろのぶつは大きければ食べやすいように切り、酢を少々かけておく。色は悪くなるが、酢みそがよくからむ。

仕上げる

❹酢みそを合わせ、まぐろとわけぎをあえる。

MEMO✚わけぎは長いままゆでたほうがおいしいですが、大きい鍋がないときは長さを二つに切り、根からサッとゆでて使います。

いかと大根の煮物

いかと大根、いっしょだと
なぜか長く煮てもかたくならない！

[材料]

大根……7〜8cm（300g）
いか……小1ぱい（200g）
A［酒・水各1/4カップ　砂糖・薄口しょうゆ各小さじ2
　しょうゆ小さじ1］

[下ごしらえ]

❶大根は1.5cm厚さくらいの半月切りにする。鍋に大根を入れ、かぶるくらいの水（2〜2 1/2カップ）を中火にかけ、竹串がスッと通るまでふたをして10〜15分下ゆでする。
❷いかは足のつけ根を持って、内臓を抜く。足のつけ根付近に包丁を入れて内臓を切り落とす。胴は1cm幅の輪切りに、足は食べよい長さに切り分ける。

[煮る]

❸鍋にAを煮立て、②のいかを入れる。3分煮たら①の大根を加え、煮汁の表面がフツフツと煮立つくらいの中火で7〜8分煮る。
❹ふたをして火を止め、余熱で味を10分以上含ませる。

いか納豆　(はやい)

わさびをピッときかせて
食べる直前にガーッとかき混ぜる

[材料]

いか（刺身用）……100g
ひき割りまたは小粒納豆……1パック（50g）
細ねぎ……2〜3本
わさび……適量
しょうゆ……小さじ2

> 切る

❶いかは細く切る。いかは、いかそうめんのように、ごく細切りのものでもよい。細ねぎは小口切りにする。

> 盛りつける

❷小鉢に1人分ずついかを盛りつけて、納豆をのせる。細ねぎを散らし、わさびをのせ、しょうゆをかけてよく混ぜて食べる。

いかねぎみそ炒め (はやい)

酒の肴(さかな)、ご飯のおかずにも、ぴったり！

> 材料

いか……小1ぱい (200g)
ねぎ……1本
ごま油……小さじ2
A [酒・みりん・しょうゆ・みそ各大さじ1/2]
七味とうがらし……適量

> 切る

❶ねぎは1cm幅の斜め切りにする。
❷いかは足のつけ根を持って、内臓を抜く。足のつけ根付近に包丁を入れて内臓を切り落とす。胴は1cm幅の輪切りに、足は食べよい長さに切り分ける。

> 炒める

❸フライパンを熱し、ごま油をなじませ、強めの中火でいかとねぎを炒める。火が通ったら、いったん火を止めてAで味をつける。再び火をつけ、強火でザッとからめ、すぐ器に盛りつける。好みで七味とうがらしをふる。

MEMO✚いかは炒めすぎないこと。火を通しすぎると、かたくなって味わいが落ちます。

えびフライ

おいしいえびフライは揚げたてがいちばん

[材料]
えび……6尾（大なら4尾）
衣
　┌ 小麦粉……適量
　│ 溶き卵……S1個分
　└ パン粉……適量
揚げ油……適量
レモン（くし形切り）……2切れ
マヨネーズ・ウスターソース・レモン……各適量

[下ごしらえ]
❶ えびは殻をむき、背わたがあれば竹串で抜く。腹のほうに小さく3〜4ヵ所包丁で切り目を入れ、まな板の上でピンと背をそらしてまっすぐにする。
❷ えびの水けをふき、小麦粉をしっかりまぶし、溶き卵をからませ、パン粉の順にフライ衣をつける。

[揚げる]
❸ 揚げ油を中温（170〜180℃）に熱し、えびを静かに入れて揚げる。
❹ マヨネーズ、ウスターソース、レモンなどで食べる。
なおタルタルソースがお好みの人は手作りで。

MEMO✚ 家庭で作るえびフライなら、殻は尾の手前ぎりぎりまでむきます。最近のえびは背側だけでなく、腹側にもわたがついている場合があるのでチェックして、あれば取り除く。

タルタルソースの作り方▶ボウルにゆで卵1/2個を入れ、フォークの背で細かくつぶす。包丁で刻んでもよい。玉ねぎ（みじん切り）大さじ2、パセリ（みじん切り）大さじ1、マヨネーズ大さじ山盛り2、牛乳大さじ2、レモン汁小さじ1を加えて混ぜ合わせる。

えびの簡単チリソース

すべての材料を揃えて、炒め始める

[材料]

えび……10～12尾（200g）くらい
きゅうり……1本
A［ねぎ（みじん切り）5cm　しょうが（みじん切り）・
　にんにく（みじん切り）各1/2かけ分］
B［酒・しょうゆ各大さじ1　ケチャップ・砂糖各大さじ1/2
　豆板醤・ごま油小さじ各1/2］
ごま油……小さじ3

[下ごしらえ]

❶きゅうりは一口大の乱切りにする。えびは背わたを取る。
❷Bを混ぜ合わせておく。

[炒める]

❸中華鍋かフライパンにごま油を小さじ2熱し、えびを強火で炒める。えびの色が変わりはじめたら、ふたをして3分蒸し焼きにし、完全に火を通し、いったん取り出す。
❹③の鍋にごま油小さじ1を足し、油があまり熱くならないうちにAを入れて炒める。香りが立ったら②の合わせ調味料を一度に加える。
❺煮立ったら③のえびを戻し、きゅうりを加えて強火で一気にからめる。すぐ器に盛りつける。

MEMO✤中国料理は、下ごしらえと手ぎわが肝心。必要な調味料は合わせておき、中華鍋に火をつけたら一気に仕上げることが大切です。
えびは殻をむいてから使ってもよいのですが、殻つきは香ばしいおいしさが味わえます。

かにコロッケ （ゆったり）

衣の中からとろ〜り出てくる
かにクリームがおいしい！

[材料]（作りやすい分量）

かに缶詰……小1缶
玉ねぎ……小1/2個（40g）
バター……大さじ2
小麦粉……大さじ5
牛乳……2カップ
マッシュルーム缶詰（スライス）……小1缶
塩……小さじ1/4
こしょう……少々
衣
　┌小麦粉……適量
　│溶き卵……1個分
　└パン粉……適量
揚げ油……適量

下準備 切る

❶かには汁けをきってほぐし、軟骨は取り除く。玉ねぎはみじん切り、マッシュルームは水けをきって粗めに刻む。

かにクリームを作る

❷鍋にバターを入れて中火にかけ、玉ねぎを2〜3分炒め、弱火にして小麦粉をふり、2〜3分炒める。粉っぽさがなくなったら、いったん火を止め、牛乳1カップを2〜3回に分けて注ぎ、木ベラでなめらかに混ぜる。

❸残りの牛乳1カップを入れ、再び火にかけ、マッシュルームとかにを加えて弱火で10〜15分ほど煮る。途中、焦げないように木ベラなどで鍋底から混ぜる。

❹塩、こしょうを加えて味を調え、よいかたさになったら火を止め、バットに移して平らにし、冷めたら冷蔵庫に入れて、冷やし固める。

揚げる

❺ ④を八〜十等分して俵形に手早くまとめる。小麦粉をまぶし、溶き卵をからめ、パン粉をつける。中温（170〜180℃）の揚げ油できつね色になるまで揚げる。揚げ鍋の大きさにもよるが、1回に4個ずつ揚げるとよい。好みでウスターソースをかけて食べる。

MEMO✚クリームコロッケのタネは完全に冷たくしておかないとまとめられないので、余裕のあるときに作るか、前日用意して冷蔵庫に。フライ衣をつけるときに最終的に形を整えるので、はじめから形を整えようと思わず、手早くまとめること。揚げるときは中までアツアツに火を通して。

てんぷら盛り合わせ

一度に材料をびっしり入れても、カラリと揚がるのがカツ代流!

材料

えび……4尾
いか (するめいか) ……小1ぱい
きす (背開き) ……2尾
にんじん……5cm
いんげん……6本
れんこん……小1節 (100g)
塩……少々
さつま芋……小1本
衣
　卵S1個+氷水……3/4カップ
　小麦粉……1カップ
揚げ油……適量
大根おろし・しょうが (すりおろす) ……各適量

下ごしらえ

❶にんじんは7〜8mm厚さの輪切りにする。いんげんは二〜三等分に切る。れんこんは皮をむき、さつま芋は皮ごとそれぞれ1cm厚さに切り、塩水につける。てんぷら衣をつける前に、水けをふく。

❷えびは殻をむき、背わたがあれば竹串で抜く。腹のほうに小さく3〜4ヵ所包丁で切り目を入れ、まな板の上でピンと背をそらしてまっすぐにする。

❸いかは足のつけ根を持って、内臓を抜く。足のつけ根付近に包丁を入れて内臓を切り落とす。胴は1cm幅の輪切りに、足は食べよい長さに切り分ける。

❹溶き卵1個分に氷水を合わせて3/4カップにし、小麦粉を混ぜ、天ぷら衣を作る。

揚げる

❺揚げ鍋に揚げ油を中温 (180℃) に熱し、材料の水けをふく。

衣にくぐらせて揚げる。火の通りにくいさつま芋、れんこん、次に魚介類の順に揚げていく。
❻いかは小麦粉（分量外）を全体にまぶしてから衣にくぐらせて揚げる。最後ににんじんと、いんげんは数本ずつまとめて揚げる。油をきって引き上げ、大根おろし、おろししょうが、てんつゆを添えて、器に盛る。

MEMO✤揚げ物は、油の温度を一定に保ち少しずつ揚げるのが基本。でも、家庭ではそれだと先に揚げた分が冷めてしまうので、私は材料を結構びっしり油に入れて揚げるの。カラリと揚がって全部がアツアツ、そんなてんぷらの揚げ方のコツは、332ページでご紹介。

> てんつゆの材料と作り方▶鍋にだし1〜1 1/2カップ、みりん大さじ1、薄口しょうゆ大さじ2、しょうゆ大さじ1/2を合わせて一煮立ちさせる。

かにたま

**ふわりと焼いたかにたまに
甘酢あんをたっぷりかけて**

[材料]

かに缶詰……小1/2缶
ゆでたけのこ……30g
しょうが(せん切り)……少々
卵……4個
A[塩1つまみ　酒小さじ1]
B[水1カップ　砂糖・薄口しょうゆ・米酢各大さじ1]
水溶き片栗粉[片栗粉・水各小さじ2]
ごま油……小さじ2

[下準備 切る]

❶かには軟骨を取ってほぐす。缶汁はとっておく。たけのこは2cm長さくらいのせん切りにする。
❷Bを小鍋に合わせて火にかけ、フツフツしてきたら水溶き片栗粉を加えて甘酢あんを作っておく。

[焼く]

❸ボウルの中を水でサッとぬらしてから卵を溶きほぐし、①の缶汁を小さじ1(分量外)とAで味をつける。焼く直前に、かに、たけのこ、しょうがを加える。
❹中華鍋かフライパンを温め、ごま油小さじ1を入れて鍋肌になじませ③の1/2量を流す。一呼吸おいてから、ゆっくりグルグルッと空気を入れるように大きくかき混ぜ、まん中にまとめる。裏返して軽く焼き、すぐに器に盛りつける。残りも同様に焼き、2人分焼き上げる。
❺それぞれのかにたまに、アツアツの②の甘酢あんをかける。

赤貝とわけぎのぬた

ぬたには貝も相性バツグン！

[材料]
わけぎ……1/2ワ
しょうゆ……小さじ1/4
赤貝（むき身）……100g
酢みそ［みそ大さじ1に対し、砂糖・みりん・
　米酢各小さじ1　溶きがらし小さじ1/4］

[下ごしらえ]
❶わけぎをゆでて冷ます（p.89参照）。しょうゆをちょっとふって軽く絞り、3〜4cm長さに切る。
❷赤貝は鮮度がよければ生で、そうでなければサッとゆでる。

[あえる]
❸酢みそを合わせ、赤貝、わけぎの順に加えて、サッとあえる。

MEMO✚貝は生で加えるなら赤貝のほか、青やぎや小柱などでも。またゆでたあさりをわけぎとあえてもおいしい。そのほか、いか、わかめ、うどなども楽しめます。

あさりの酒蒸し (はやい)

**調味料がなくても
おいしく食べられる**

[材料]

あさり（砂出ししたもの）……150g
日本酒……1/4カップ
青じそ（せん切り）……2〜3枚
しょうゆ……小さじ1

[下ごしらえ]

❶あさりは海水よりやや薄めの塩水に1時間くらいひたひたにつけておく。殻をこすり合わせてもみ洗いを2〜3回繰り返し、きれいにする。

[煮る]

❷平口の鍋かフライパンにあさりを並べ、酒をふりかけ、ふたをして強火にかける。蒸気が上がって、貝のふたが開くまで5分くらい蒸し煮する。
❸器に盛り、青じそを散らし、好みでしょうゆを少々かけて食べる。冬は青じその代わりに細ねぎで。

MEMO✚青じその代わりにバジルでも。その場合はしょうゆではなく、塩、こしょうで味つけします。鍋で煮てもOK。

かきフライ

**かきは塩水で洗うと、
風味が逃げない**

[材料]

かき（むき身）……8～10粒（150～200g）
衣
　┌小麦粉……大さじ3くらい
　│溶き卵……S1個分
　└パン粉……1～1 1/2カップ
揚げ油……適量
レモン（くし形切り）……2切れ
マヨネーズ……適量

[下ごしらえ]

❶海水くらいの塩水（分量外）でサッと洗ったかきをボウルに入れる。大根おろし（1/2カップくらい 分量外）で、かきを静かにかき混ぜるように洗い、汚れをきれいに落とす。さらに真水で数回水を替えて洗ってきれいにする（流し水ではなく、ため水で洗うこと）。水けをよくふく。

❷かき全体に小麦粉をしっかりまぶす。とくにひだの部分は念入りに。溶き卵をしっかりからめる。1粒ずつパン粉をしっかりつける。

[揚げる]

❸揚げ油を中温に熱し、かきを軽くにぎってパン粉を落ちつかせてから油に入れ、じっくり火を通してカリッと揚げる。レモンを絞り、マヨネーズなどで食べる。

MEMO✤かきフライのつけ合わせには、レタスの細切りもよく合います。ご飯のおかずにするなら、かきフライにかけるのは断然ウスターソースがおすすめ。
タルタルソースがお好みなら、作り方は168ページ参照。

魚介類

たらこの粕漬け

酒粕がたらこの塩けをまろやかに

材料
たらこ……1腹（70g）
酒粕（やわらかいタイプ）……1/2カップくらい

下ごしらえ
❶たらこは水けをふく。
❷保存容器に酒粕を半量敷き、①のたらこを置き、上から残りの酒粕をかぶせる。たらこに酒粕の味をなじませるように上からスプーンの底などで軽く押さえる。

漬ける
❸冷蔵庫に入れておくと、3～4日後が食べ頃。酒粕によって漬かり具合が違うので、好みの漬かり加減になったら、酒粕を取り除き、2cm長さに切って食べる。酒粕は2～3回使うことができる。

MEMO✚たらこを酒粕に漬けておくだけ。たらこの塩味が酒粕によってまろやかな風味に変わり、生のままで酒のさかなやアツアツのご飯、焼いてお弁当のおかずに、といろいろ重宝します。
板状の酒粕やモロモロとかための酒粕を使うときは、酒をスプーンで何杯かかけ、板状のものなら裏表を返し、モロモロのものならザッと混ぜて浸す。できればそのまま一晩おく。

はまぐりの酒蒸し （はやい）

貝のうまみがジワ～ッと広がる

材料
はまぐり……4～6個
酒……大さじ1
しょうゆ……少々

下ごしらえ

❶はまぐりは海水よりやや薄めの塩水にヒタヒタにつけておき、たわしなどで殻の表面をよく洗っておく。何度か水を替えて洗う。

煮る

❷鍋にはまぐりを入れて酒をふりかけ、ふたをして強めの中火にかけ、5分くらいして貝の口が完全に開いたら、火を止める。

❸器に盛り、好みでしょうゆをかける。

MEMO✢細ねぎや三つ葉などを散らせば、風味が引き立ち彩りもきれいです。

帆立て貝とえのきだけのサラダ

和風クリーミードレッシングが味のポイント （はやい）

材料

帆立て貝柱缶詰……小1/2缶
えのきだけ……小1パック（100g）
貝割れ菜……1/2パック
A［薄口しょうゆ小さじ1/2　マヨネーズ・米酢各小さじ1］
レモン（くし形切り）……2切れ

下ごしらえ

❶えのきだけは石づきを切り落とし、長さを三つに切り、熱湯でサッとゆでて冷ます。貝割れ菜は根を落として長さを二つに切る。

あえる

❷ボウルにAを混ぜ合わせ、ドレッシングを作る。
❸②のドレッシングにえのきだけ、貝割れ菜、帆立て貝柱の順に加えてあえる。器に盛り、レモンを添える。

おでん

大阪名物、庶民の味のおでんは一味違う

[材料]

大根（2.5cm厚さの輪切り）……2切れ
じゃが芋（二つに切り、面取りする）……小2個（200g）
こんにゃく（三角に切る）……1/2枚（100g）
焼きちくわ（長さを半分に切り、さらに斜め半分に切る）……1本
さつま揚げ（大きければ二つに切る）…2枚
つみれ……4個
その他、おでん用練り物……適量
はんぺん（二つに切る）……1枚
焼き豆腐（二つに切る）……1/2丁
ゆで卵（固ゆで）……2個
昆布……15cm前後
A［水6カップ　煮干し6尾　削り節1つかみ（20g）］
B［砂糖小さじ2　塩小さじ1/2
　薄口しょうゆ・しょうゆ各小さじ2］
溶きがらし……適量

[下ごしらえ]

❶Aの煮干しの頭とはらわたを取り、分量の水に30分つける。
❷昆布も①に入れておき、やわらかくなったら取り出して、1.5cmくらいの幅に切り、キュッとひと結びする。
❸大根は鍋にかぶるくらいの水を入れ、竹串がやっと通るくらいまでふたをして20分下ゆでする。つみれなどの練り物はサッとゆでるか熱湯をかける。
❹①を火にかけて10分ほど煮立たせ、Aの削り節を入れて2～3分弱火で煮出す。こし器でこし、よく絞る。

[煮る]

❺大きめの鍋に④のだし、Bを加え、大根、昆布、こんにゃく、ゆで卵を入れて弱火で30分煮る。じゃが芋、焼き豆腐を加え、ごく弱火で30～40分煮る。じゃが芋に火が通ったら③の練り物とはんぺんを入れ、10分煮て火を止める。

❻いったん冷まして味をよく含ませ、食べるときに再び弱火で温め、溶きがらしを添える。

MEMO✚おでんの大根は、余裕があれば面取り、(切り口の角の部分を削り取る)しておくこと。これで煮くずれが防げます。卵を入れるタイミングは好みで。煮ているとき煮汁がつねに食材にかぶっていること。煮汁が途中でなくなったら、だしを足すようにする。

きのことはんぺんの炒め物

油を熱したら、材料投入前に、塩をパラリがコツ

[材料]
はんぺん……1枚
生しいたけ……1/2パック (4〜5枚)
ごま油……大さじ1
しょうが (せん切り) ……少々
塩……1つまみ
しょうゆ……小さじ1

[下ごしらえ]
❶はんぺんは、一口大にスプーンでこそぐようにちぎる。生しいたけは、石づきの汚れた部分だけ切り落とし、二つくらいに裂く。

[炒める]
❷フライパンを中火にかけ油を熱し、熱くならないうちにしょうがを炒める。
❸いい香りがしてきたら、塩1つまみを加え、しいたけ、はんぺんを入れて中火で炒め、仕上げにしょうゆを回し入れる。

さつま揚げと玉ねぎの卵とじ

**玉ねぎの甘みを生かして
調味料はしょうゆと酒だけの簡単おかず！** (はやい)

[材料]
さつま揚げ……3枚（50〜60g）
玉ねぎ……1/2個（100g）
卵……1個
A［しょうゆ・酒各大さじ1/2　水3/4カップ］

[切る]
❶玉ねぎは縦半分に切り、繊維に沿って7〜8mm幅に切る。さつま揚げは1.5cm幅くらいに切る。

[煮る]
❷鍋に①の玉ねぎとAを加えて、ふたをして強めの中火で煮立てる。
❸さつま揚げを加え、中火にして5分煮る。味をみて薄いようならしょうゆ（分量外）を足す。
❹卵を溶いて全体に回し入れ、すぐに強めの中火にし、ふたをして30秒したら火を止める。さらに30秒蒸らしたらでき上がり。

なますサラダ

歯ごたえと彩りのよさが自慢

[材料]

塩くらげ……30g
きくらげ（乾）……2〜3枚（2〜3g）
きゅうり……1本
にんじん……5cm
大根……5cm
A［水3カップ　塩大さじ1］
甘酢［米酢大さじ1 1/2　砂糖大さじ1/2　塩小さじ1/4］

[下ごしらえ 切る]

❶塩くらげはよく水洗いし、ボウルに入れたっぷりの水につけて一晩おく（途中で2〜3回水を替える）。
❷きくらげは湯で戻して細切りにする。きゅうり、にんじん、大根はせん切りにする。

[あえる]

❸Aの塩水に刻んだきゅうり、にんじん、大根を10〜20分つけておく。
❹③に①の塩くらげと②のきくらげも加え、ザッとひと混ぜしてざるに上げ、両手でキュッと絞る。
❺ボウルに甘酢を作り、④の材料を2〜3回に分けて加えあえる。

ひじきの中華サラダ

ピリッときいた豆板醤が味の決め手

[材料]

ひじき（乾）……1/4カップ
ねぎ……15cm
トマト（5mm厚さの半月切り）……小1個（150g）
ハム（半分に切って細切り）……2枚
A［しょうゆ小さじ2　砂糖小さじ1/2　米酢大さじ1/2
　豆板醤・ごま油各小さじ1/4］

[下ごしらえ 切る]

❶乾燥ひじきは表示どおりに戻す。熱湯でサッとゆで、ざるにとって水けをよくきったら器に移して冷ましておく。長ひじきの場合は、食べやすいように切る。芽ひじきは切らずにそのまま。

❷ねぎは5cm長さに切り、切り目を入れて開き、せん切りにする。

[あえる]

❸ボウルにAを記載順に入れて混ぜ合わせ、ドレッシングを作る。辛いのが好きな人は、豆板醤の量を増やして。

❹器にトマトを並べ、上に水けをきったひじきをのせる。ハムを散らし、ねぎをたっぷり盛る。食べるときにドレッシングをかけ、全体をよく混ぜる。

ひじきの懐かし煮

**ひじきの定番メニュー。
覚えてほしいおふくろの味**

[材料]（作りやすい分量）
ひじき（乾）……1/2カップ
油揚げ……1/2枚
A［酒・砂糖・みりん各小さじ2　しょうゆ大さじ1
　濃いめのだし1カップ］

[下ごしらえ 切る]
❶乾燥ひじきは表示どおりに戻し、熱湯で1〜2分ゆで、ざるにとって水けをきる（長ければ食べやすく切る）。
❷油揚げは湯で洗ってギュッと絞り、縦半分に切ったものを細切りにする。

[煮る]
❸鍋にAをすべて入れて煮立て、ひじき、油揚げを加えてふたをして中火で煮る。
❹ときどきかき混ぜながら汁けがなくなるまで煮る。

わかめとじゃこの梅干し煮

あっという間にできるヘルシーメニュー。常備菜やお弁当にも (はやい)

[材料]
わかめ（塩蔵）……1カップ
ちりめんじゃこ……大さじ3
梅干し……1個
A［薄口しょうゆ・酒各小さじ1　水1 1/2カップ］

[下ごしらえ]
❶わかめはよく水洗いする。水を数回替えて塩分を十分落とす。2〜3cm長さに切る。

[煮る]
❷鍋に①のわかめとちりめんじゃこ、丸ごとの梅干し、Aを加える。ふたをして中火で5分ほど煮て、梅干しをほぐし混ぜる。

MEMO✚ちりめんじゃことしらす干しの違いは、しらす干しは白くて釜ゆでしたものでやわらかく、日持ちはさほどしません。ちりめんじゃこはしっかりめに干してあるものです。しらす干しより日持ちは長い。味つけの調味料は、じゃこと梅干しの塩加減をみて調節してください。

大豆製品・豆・卵料理

体にいい大豆製品の
豆腐・おから・厚揚げ・油揚げ・
納豆・高野豆腐の料理が勢揃い。
さらに豆、卵の料理を加えたレシピ

24点

揚げだし豆腐 (ゆったり)

アツアツのあんをたっぷりかけて

[材料]
木綿豆腐……1丁（300〜400g）
片栗粉・小麦粉……各適量（大さじ1〜2）
揚げ油……適量
A［酒・薄口しょうゆ各大さじ1/2　だし3/4カップ（150mℓ）］
水溶き片栗粉［片栗粉・水各大さじ1/2］
しょうが（すりおろす）……適量

[下ごしらえ]
❶木綿豆腐はふきん（または紙タオル）で包み、その上に皿など軽い重石（おもし）をのせて30分くらいおき、水きりしてから1丁を二つに切る。
❷小鍋にAを煮立て、フツフツしているところに水溶き片栗粉を加え混ぜ、とろみがついたら火を止める。

[揚げる]
❸片栗粉と小麦粉を半々に混ぜてバットに入れ、①の豆腐にまんべんなくつけ、余分な粉ははらい落とす。
❹揚げ鍋に油を入れて中温（180℃）に熱し、③の豆腐を一つずつ静かに入れる。衣が固まってくるまではふれない。きつね色に揚がってきたら、菜箸（さいばし）とフライ返しを両方添えてそっと裏返す。全体にこんがり揚がったら取り出す。
❺器に④の揚げ豆腐を盛り、アツアツの②のあんをかけ、おろししょうがをのせる。

MEMO✤だしをきかせたあんでなく、シンプルに揚げ豆腐にしょうゆをかけて食べるだけ、というのもおいしい。薬味はおろししょうがのほか、大根おろしや青じそ、削り節、ねぎ、七味とうがらしなどでも。

厚揚げのとろろあん (はやい)

アツアツの厚揚げに
とろりとすりおろした長芋をかけて

[材料]

厚揚げ……1枚 (150〜200g)
長芋……7〜8cm (100〜120g)
刻みのり……適量
わさび……少々
しょうゆ……適量

[下ごしらえ]

❶厚揚げは1枚を二つに切る。長芋はフォークを刺してグラグラした熱湯に5秒ほどつけて水にとり、冷ます。

[仕上げる]

❷鍋に厚揚げとかぶるくらいの水 (分量外) 入れ、強めの中火にかけ、中がアツアツになるまでふたをして5〜6分ゆでる。水けをきって器に盛り、長芋をすりおろし、とろろをかける。刻みのり、わさびを添え、しょうゆをかけて食べる。

MEMO✚長芋の皮はむかずに使いますが、気になる人は、すりおろすときの持ち手部分を残して皮をむいてください。

いり豆腐

懐かしい味の家庭料理

[材料]

木綿豆腐……1/2丁 (200g)
干ししいたけ……1枚
にんじん……2cm
卵……1個
A [濃いめのだし（または干ししいたけの戻し汁）1/4カップ
　薄口しょうゆ大さじ1]
細ねぎ (小口切り) ……1/4カップ
塩……少々

[切る]

❶干ししいたけは水かぬるま湯で戻して薄切りにする。にんじんは薄い輪切りにしてから細切りにする。
❷木綿豆腐はよく水きりする (p.188参照)。

[煮る]

❸鍋にAと干ししいたけ、にんじんを加えて中火にかける。
❹フツフツと煮立ってきたら火を強め、豆腐をくずしながら加え、汁けがなくなるまでいりつける。そこに卵を溶いて回し入れて、手早くいりつけ、卵に火を通す。
❺仕上げに細ねぎを入れ、ザッとひと混ぜして味をみて足りなければ塩少々で調え、火を止めて、すぐ器に盛りつける。

おから（うの花）

おからのとびきり簡単な作り方です

[材料]（作りやすい分量）
おから……100g
にんじん……2～3cm
干ししいたけ……2～3枚
細ねぎ（小口切り）……1/2カップ
A［みりん・酒・薄口しょうゆ各大さじ1　だし3/4カップ］

[切る]
❶干ししいたけは水かぬるま湯で戻して薄切りにする。にんじんはせん切りにする。

[煮る]
❷鍋にAを合わせて煮立て、にんじん、干ししいたけを入れ、ふたをして2～3分中火で煮る。
❸②におからを入れて焦げつかないように汁けがなくなるまで、ふたをして弱めの中火で煮る。途中、木ベラで焦げないようにいりつけ、最後に細ねぎを加えて火を止める。

MEMO✚おからに入れる具は、にんじんや干ししいたけのほか、ゆでたけのこ、こんにゃく、ひじきなどでもOK。関西では、おからが煮上がる直前に、刻んだ九条ねぎをたっぷり入れることが多い。九条ねぎの代わりに、細ねぎをたっぷり入れました。前の日に作ったおでんや、煮物の煮汁でおからを煮ても美味。

高野豆腐の丸煮

丸ごと煮て!
ドーンと盛りつける

[材料]

高野豆腐……2枚
A［だし1 1/2カップ　酒・みりん・砂糖各小さじ2
　　塩小さじ1/4　薄口しょうゆ小さじ1］

[下ごしらえ]

❶高野豆腐は表示どおりに戻し、手のひらで押さえて水けを絞る。

[煮る]

❷鍋にAを煮立て、高野豆腐を重ならないように入れ、中火にかける。フツフツしてきたら弱火にしてふたをし、ときどき煮汁をかけ10分煮含める。

❸高野豆腐がふっくらしてきて、煮汁が少なくなったらふたをしたまま火を止め、煮汁ごと盛りつけ、箸でちぎりながら食べる。

MEMO✚水に戻さないタイプの高野豆腐は、1分だけ水につけて取り出し、3分したら水けを絞って使うとおいしく煮えます。

セロリと油揚げのサラダ

シンプルな組み合わせだからこそ、うまい!

[材料] (作りやすい分量)
セロリ……1本 (50g)
油揚げ……1枚 (30g)
A [米酢大さじ1/2　砂糖小さじ1/2
　塩・しょうが汁各小さじ1/4]

切る 下ごしらえ
❶セロリは筋を取り、斜めに薄切にする。
❷油揚げは湯で洗い、水けをギュッと絞ってから、オーブントースターで2～3分パリッと焼く。縦半分に切ってから細切りにする。

あえる
❸ボウルにAを合わせ、セロリと②の油揚げを2～3回に分けて加え、全体をあえる。セロリの葉少々を刻んで入れてもおいしい (ただし、入れすぎると苦くなるのでアクセント程度に)。

宝袋 (ゆったり)

油揚げの中においしい具がいっぱい！

[材料]

油揚げ……2枚
干ししいたけ……2枚
木綿豆腐……1/4丁 (100g)
しらたき……小1袋 (100g)
にんじん……2cm
しょうが……少々
豚ひき肉……50g
しょうゆ……小さじ1
ぎんなんの水煮 (あれば) ……4粒
A [酒・しょうゆ各大さじ1　砂糖・みりん各大さじ1/2
　水1 1/2カップ]

[下ごしらえ]

❶干ししいたけは水かぬるま湯で戻してから、薄切りにする。
❷油揚げは半分に切り、めん棒を転がすか、両手でパンパンとたたいて中を開きやすくしてから袋状に開く。たっぷりの熱湯で5分ゆでたあと水洗いし、水けを絞る。
❸木綿豆腐はふきんか紙タオルで包み、その上に皿など軽い重石(おもし)をのせて30分くらいおき、水きりする。
❹しらたきはサッと洗って水けをきり、2cm長さに切る。にんじんとしょうがはせん切りにする。
❺ボウルに豆腐をつぶして入れ、しいたけ、しらたき、にんじん、しょうが、豚ひき肉、しょうゆを加えて混ぜ、四等分する。
❻②の油揚げの中に等分した⑤の具と、あればぎんなんを詰め、油揚げの口を折り返し、ようじで縫うようにして留める。

[煮る]

❼鍋にAを煮立たせ⑥を入れてやや弱めの中火でふたをして15分煮る。盛りつけるとき、ようじを抜くのを忘れずに。

MEMO✚油揚げは袋状に開いたものもあるので、これを使うと楽です。ようじの代わりにかんぴょうで結ぶともっと上等。

豆腐と厚揚げの親せき煮 (はやい)

2種類の大豆製品を
いっしょにあっさり煮上げて

[材料]
木綿豆腐……1/2丁（200g）
厚揚げ……小1枚（70〜100g）
濃いめのだし……1カップ
薄口しょうゆ……大さじ1
大根おろし……1カップ
ゆずの皮（あれば）……適量

[切る 下ごしらえ]
❶豆腐は六等分のやっこに切る。厚揚げは湯で洗って同じような大きさに切る。
❷大根おろしは、ざるで自然に水けをきっておく。

[煮る]
❸鍋にだしを強めの中火で煮立て、薄口しょうゆを加える。再びフツフツしてきたら木綿豆腐、厚揚げを加えてふたをして中火で5分煮る。
❹豆腐、厚揚げの中までアツアツに煮えたら、味をみて足りなければ塩（分量外）で調え、②の大根おろしを加えて表面を軽くならし（混ぜない）、ふたをしてすぐ火を止める。器に汁ごと盛り、あればゆずの皮をすりおろして散らす。

湯豆腐

木綿&絹ごし豆腐を
いっしょに温めるのがポイント

[材料]
木綿豆腐……1丁（300〜400g）
絹ごし豆腐……1/2丁（150g）
昆布……10〜15cm角
A［しょうゆ大さじ1 1/2　酒大さじ1/2　砂糖小さじ1/4
　削り節1袋（4g）］

[切る]
❶木綿豆腐と絹ごし豆腐はやっこに切る。

[煮る]
❷広くて浅い鍋の底に昆布を敷き、鍋のまん中に湯飲みのような器を入れる。この中にAを入れ、削り節は手でもんで加える。鍋にはそっと水をはって豆腐を入れ、煮立てる。ゆらゆらと豆腐が揺れてきたら食べどき。
❸たれに豆腐をチャポンとつけ、各自の器に取って食べる。

MEMO✚木綿と絹ごしを好みで。豆腐は水から入れるのがポイントです。たれに加える砂糖はしょうゆの塩味にまろみをもたせるくらい、ほんのちょっと。こうすると、たれが少しとろっとして豆腐にうまい具合にからまります。

マーボー豆腐

本格中国料理をおうちでラクラク完成!

[材料]
豆腐……大1丁(400g)
豚ひき肉……100g
にら……1/4〜1/2ワ(50g)
ねぎ(みじん切り)……15cm
しょうが・にんにく(各みじん切り)……各1/2かけ分
A[赤みそ小さじ2　しょうゆ・酒各大さじ1/2
　砂糖・豆板醤・オイスターソース各小さじ1/2]
ごま油……大さじ1/2
水……3/4カップ
水溶き片栗粉[片栗粉・水各大さじ1/2]

[切る 下ごしらえ]
❶豆腐は2cm角くらいに切る。にらは1cm長さに刻む。
❷豆腐は切ったものを熱湯でゆでて、水けをきる。
❸Aを合わせておく。

[炒める]
❹中華鍋またはフライパンに油を入れて中火にかけ、すぐにねぎ、しょうが、にんにくを炒める。香りが立ってきたら豚ひき肉を入れて、③の合わせ調味料を加える。
❺肉をほぐし中火で炒める。味がしっかりついたら強火にして②の豆腐を加えてひと混ぜしたら、分量の水を注ぎ煮る。
❻フツフツして豆腐がアツアツになったら、にらを加え、水溶き片栗粉を混ぜ入れる。とろみがついたら火を止め、ごま油小さじ1/4(分量外)を加える。

MEMO✤豆腐は絹ごしでも、木綿でも好みのものを。ただし、木綿を使う場合は下ゆではせず水きりだけで十分です。マーボー豆腐は、肉にしっかり味をつけてから作ると、味が引きしまる。中国料理は、火にかける前に合わせ調味料など材料をすぐ使えるように準備し、火にかけたら一気に仕上げるのがコツ。

カウボーイシチュー (ゆったり)

西部劇にも登場する素朴な豆料理

[材料] (作りやすい分量)

豆の水煮缶詰（ひよこ豆、大豆など）……小1缶
にんにく（みじん切り）……1/2かけ分
にんじん……5cm
玉ねぎ……小1/2個
ベーコン……1〜2枚（40g）
豚薄切り肉……50g
じゃが芋……小1個（100g）
オリーブ油……大さじ1
水……2 1/2カップ
固形スープの素……1個
塩……小さじ1/4
こしょう……少々
パセリ（みじん切り）……適量

[切る]

❶にんじんは5mm厚さのいちょう切り、玉ねぎは繊維に沿った薄切りにする。じゃが芋は四つ割りにし、1cm厚さに切る。豆の水煮は水けをきる。
❷ベーコンは1cm幅に、豚肉は3cm長さに切る。

[炒めて煮る]

❸鍋に油を熱し、にんにく、にんじん、玉ねぎ、ベーコン、豚薄切り肉の順に強めの中火で炒め、全体に油が回ったら、豆とじゃが芋を加え、ザッと炒め合わせる。
❹分量の水と固形スープの素を加え、弱めの中火でフツフツと10分くらい煮込む。
❺野菜がやわらかくなったら、塩、こしょうで味を調える。火を止めて器に盛りつけ、パセリを散らす。

MEMO✚ 乾物の豆を使うときは、前の晩に豆の3倍の量の水につけて一晩おく。翌日つけ汁ごと火にかけ、煮立ったらふたをして弱火で30分ほど煮て火を止め、10分おきます。

黒豆 (ゆったり)

おいしいと大好評！

[材料]（作りやすい分量）
黒豆（乾）……1カップ
湯（60℃くらい）……3カップ
A［砂糖100g　しょうゆ・塩各小さじ1/4　重曹小さじ1/8］

[下ごしらえ]
❶黒豆は洗っておく。
❷厚手の鍋にAと湯（手を入れてお風呂の湯より熱いと感じるくらいの温度）を合わせ、黒豆を入れて一晩おく。

[煮る]
❸②の鍋を中火にかけ、沸騰してきたら水1/2カップ（分量外）を加えて沸騰をしずめる。アクが浮いてきたら取り除く。
❹少しずらしてふたをし、火をグンと弱めて表面が静かにコトコト煮立つ程度にし、2～4時間じっくり煮る。ふっくらやわらかく煮上げるには、つねに豆がヒタヒタの煮汁をかぶっていること。途中で水（分量外）を数回加えてもよい。手でつぶれるほど豆がやわらかくなればでき上がり。

MEMO＋豆はものによって煮る時間が違うので、必ずやわらかさを確かめながら作りましょう。暑い時期には、②の下ごしらえが終わったら、冷蔵庫に入れましょう。なかにはふっくらよりシワシワに煮えたかための豆のほうが好きな人もいるので、そちらもご紹介します。まず3カップの湯に砂糖100g、塩小さじ1/4、豆を合わせて一晩つける。中火にかけ、沸騰したら1/2カップの水を加えます。アクを取って少しずらしてふたをし、2～3時間、弱火で途中何度か上下を混ぜる。豆の表面が煮汁から出ても気にしないで。好みのかたさに煮えたら強火にして豆にしわを寄せ、しょうゆ小さじ1/4を加えて混ぜる。

五目大豆 （ゆったり）

昆布、こんにゃく、にんじんなどで、コトコト煮込めばでき上り

[材料]（作りやすい分量）
大豆の缶詰……1缶（100〜120g）
昆布……約10cm角
こんにゃく……1/4枚（50g）
にんじん……1/3本（50g）
れんこん……1/4節（50g）
A［砂糖大さじ1/2　薄口しょうゆ小さじ2］
サラダ油……大さじ1/2

[切る]

❶昆布は10分くらい水3カップ（分量外）につけて戻し、1cm角に切る。戻し汁はとっておく。こんにゃく、にんじん、れんこんは1cm角くらいに切る。大豆は水煮の場合は水けをきる。

[炒めて煮る]

❷鍋にサラダ油と大豆を入れて強めの中火にかけ、炒める。アツアツになったら、こんにゃく、にんじん、れんこんも加えて炒める。昆布の戻し汁とAを入れ、昆布を加えて少しずらしてふたをする。フツフツしてきたら弱めの火で20〜30分ほど煮る。

チリビーンズ（ゆったり）

本格派のチリビーンズをいとも簡単に

[材料]

豆の水煮缶詰（キドニービーンズ、ひよこ豆など）……小1缶
玉ねぎ……1/4個（50g）
サラダ油……小さじ1
合いびき肉……100g
小麦粉……小さじ1
A［トマトジュース1/2カップ　ケチャップ大さじ1
　ウスターソース小さじ1　パプリカ小さじ1/2
　チリペッパーパウダー小さじ1/4　塩小さじ1/4
　ベイリーフ1/2枚］

[下ごしらえ]

❶玉ねぎはみじん切りにする。豆の水煮は水けをきる。

[炒めて煮る]

❷鍋にサラダ油を熱して玉ねぎと合いびき肉を加えて強めの中火で炒める。肉に火が通ったら、小麦粉をふってさらに1～2分炒める。

❸②に豆とAを加えて木ベラで鍋底をこそげるように混ぜる。煮立つまで中火、煮立ちはじめたら弱火にしてふたをして20分くらい煮る。

MEMO✚白いんげん豆や大豆を使ってもOK。チリビーンズはホットドッグにはさむほか、アツアツをおかずとして食べてもおいしい。ご飯にもよく合います。

あんかけ卵

ひんやり冷やして前菜にもGood！

材料

卵……2個
A［だし1/2カップ　薄口しょうゆ大さじ1/2
　みりん小さじ1　片栗粉小さじ1弱］
しょうが（すりおろす）……少々

ゆでる

❶卵は半熟のゆで卵にして、殻をむく。

あんを作る

❷小鍋にAを入れ、木ベラでよくかき混ぜながら火にかけ、フツフツしてとろみがついたら火を止める。

❸卵を半分に切って器に盛りつけ、上から②のあんをトロ〜ッとかけ、おろししょうがを添える。

いり卵 (はやい)

湯せんにかけるとソフトな仕上がりに

材料
卵……2個
A［砂糖・みりん各大さじ1/2　しょうゆ小さじ1/4
　塩1つまみ］

下ごしらえ
❶小鍋の中を水でサッとぬらしてから、卵を割り入れ、Aを加えてよく混ぜる。

いる
❷①の鍋より一回り大きい鍋を用意し、1/3の高さほどの湯を沸かす。この中に①の鍋を重ねて浮かせるようにする。4〜5本の菜箸(さいばし)の先をぬらしてから、小鍋の底をこするようにかき混ぜる。最初はのんびりまわりから固まってきたら、箸をせっせと動かして、卵を細かくほぐすようにいりつける。
❸しっとりと卵に火が通ったら湯せんからおろし、さらによく混ぜて、すぐに器に盛る。

MEMO✚卵をいりつける小鍋は、あらかじめ水でサッとぬらしておくと卵がこびりつかず、あとで鍋を洗うのが楽。じか火で作れますが、違いは湯せんのほうがきめの細かいやわらかないり卵ができます。

小田巻き蒸し

うどんにも下味をからませておくのがコツ

[材料]
卵……L1個
だし……3/4カップ（150mℓ）
A［塩・しょうゆ各小さじ1/4］
鶏ささ身……1本
塩……1つまみ
酒……小さじ1/2
ゆでうどん……1/4玉（50g）
薄口しょうゆ（うどん下味用）……小さじ1/4
ぎんなん（水煮缶詰）……2〜4粒
えび……小2尾
三つ葉・ゆずの皮……各適量

[下ごしらえ]
❶鶏ささ身は一口大のそぎ切りにし、塩と酒で下味をつけておく。うどんにも薄口しょうゆで下味をつけておく。
❷だしを冷まし、Aを混ぜる。
❸卵は泡立てないように菜箸でよくほぐし、②と合わせる。

[蒸す]
❹2つの器の中を水でサッとぬらし、うどん、鶏肉、ぎんなん、えびを1/2量ずつ入れ、③の卵液を等分に静かに注ぐ。
❺蒸気の立った蒸し器に④を入れ、ふきんをかけてふたをし、弱火で約15分蒸す。竹串を刺してみて、澄んだ汁が出てくればでき上がり。
❻器を取り出し、刻んだ三つ葉とゆずの皮をのせる。

MEMO✚だしが冷めたところに調味料を加えてから、溶きほぐした卵を混ぜることがポイントです。

オムレツ (はやい)

なんといってもバターで焼くのがおいしい！

[材料]（1人分）
卵……2個
塩……1つまみ
オリーブ油……小さじ1
バター……小さじ1

[焼く]
❶卵に塩を加え、泡立たないように全体をよく溶きほぐす。
❷フライパンにオリーブ油とバターを入れ、強めの中火にかける。バターが溶けてきたらフライパン全体になじませ、①の卵液を一度に流し入れる。
❸卵のまわりが固まってきたら、カレースプーンや菜箸でまわりからグルグルと大きく混ぜ、端に寄せつつ、オムレツ形にまとめて焼く。すぐ器に盛りつける。

MEMO♣オムレツは火はずっと強めのまま。フワフワやわらかめがおいしい。

スペインオムレツ

**揚げたじゃが芋を
卵に混ぜて焼くのが本場風!**

[材料]

じゃが芋……1〜2個 (150g)
卵……3個
塩・こしょう……各少々
オリーブ油……大さじ1
バター……小さじ1
揚げ油……適量

[下ごしらえ]

❶じゃが芋は皮をむいて1cm厚さのいちょう切りにし、ザブリと水で洗ったあと、水けをきってからよくふく。
❷揚げ油を火にかけ、すぐにじゃが芋を入れる。中温 (180℃) になったら油の温度を保つようにして、ゆっくり色づくまで揚げる。

[焼く]

❸卵を溶きほぐして塩、こしょうをふり、②のじゃが芋を加えて軽く混ぜる。
❹フライパンにオリーブ油とバターを入れて中火で溶かし、③を入れて手早く全体に広げる。すぐ空気を入れるように大きくグルリグルリとふた混ぜくらいしたら、ふたをし、弱火で表面が乾くまでじっくり焼く。
❺いい焼き色がついたらフライ返しを差し込み、エイッと裏返して両面を焼く。まな板に取り出し六等分の放射状に切る。

MEMO✤直径15〜16cmの小さめのフライパンで焼くと、卵の厚みも出て火の回りもよく、上手に焼ける。スキレットなどでもうまく焼けます。

スクランブルエッグ (はやい)

とろんとした口あたりが秘訣!

[材料]
卵……2〜3個
塩……少々
バター……大さじ1/2

[焼く]
❶ボウルの中を水でサッとぬらし、卵を割り入れ、塩を加えて混ぜる。
❷フライパンにバターを入れ、中火にかけ、バターが溶けてきたらフライパン全体に回し、火を強めて①を一気に入れる。箸で大きくかき混ぜながら火を通し、まだフワッと半熟の状態で、火からはずして手早く器に盛る。

MEMO✚卵を割るときは、調理台や物の角に当てるより、平らなところに打ちつけるほうが殻のかけらが入りにくいのをご存じ？　また卵を溶きほぐすボウルは、サッと水でぬらしておくと、使ったあと水だけできれいに洗い流せます。

卵焼き

日本の卵おかずの定番

[材料] (4人分)
卵……4個
A [砂糖大さじ１ １/２　薄口しょうゆ小さじ１
　みりん大さじ１]
ごま油……適量

[下ごしらえ]
❶ボウルの中をザッと水でぬらし、卵を割り入れ、箸で白身を切るようにほぐし、Aを混ぜ合わせる。全体をきれいな黄色に仕上げたいときは、卵液を一度こしてから焼く。

[焼く]
❷卵焼き器を十分に熱し、ごま油をなじませる。火は強めの中火にする。
❸卵焼き器全体に薄く広がる程度に①の卵液を適量入れ、プクプクと空気が入っているところを菜箸(さいばし)でつぶす。まず一回目はクルクルと巻こうとせず、手前でも向こう側でも好きなほうに、菜箸で卵を寄せる。
❹あいた部分にごま油を少々足し、卵液を適量ザーッと流し込み、焼いた卵も少し持ち上げて、卵の下にも流す。
❺クルクルッと端まで巻いたら、またあいた部分にごま油をなじませ、卵液を流し込み、この同じ作業を繰り返す。
❻最後まで卵液を流し、巻けたら、火を弱めて中までしっかり火を通す。卵焼き器のへりを利用して整形する。形を整える程度で、あまり力を入れて押しつけないこと。
❼まな板に取り出し、切り分ける。

MEMO✚こし器は水でサッとぬらしてから使うと、卵液がこびりつかず洗うのが楽。上手に焼く秘訣は、強めの中火で手早く焼くこと。

だし巻き卵

おいしくできたら免許皆伝！

材料（4人分）

卵……4個
A［濃いめのだし1/4〜1/2カップ　薄口しょうゆ小さじ1
　　酒・片栗粉各小さじ1　塩3本指で1つまみ］
ごま油……適量
※好みでみりんを入れて甘みをつけてもよい。

下ごしらえ

❶ボウルの中をザッと水でぬらし、卵を割り入れ、箸で白身を切るようにほぐす。Aの片栗粉を酒で溶いて、だし、薄口しょうゆ、塩を合わせて混ぜる。卵液とAを混ぜ合わせ、一度こしておく。

焼く

❷卵焼き器を十分に熱し、ごま油をなじませる。火は強めの中火にする。

❸卵焼き器全体に薄く広がる程度に①の卵液を適量入れ、プクプクと空気が入っているところを箸でつぶす。まず1回目はクルクルと巻こうとせず、手前でも向こう側でも好きなほうに、菜箸で卵を寄せる。

❹あいた部分にごま油を少々足し、卵液を適量ザーッと流し込み、焼いた卵も少し持ち上げて、卵の下にも流す。

❺クルクルッと端まで巻いたら、またあいた部分にごま油をなじませ、卵液を流し込み、この同じ作業を繰り返す。

❻最後まで卵液を流し、巻けたら、火を弱めて中までしっかり火を通す。卵焼き器のへりを利用して整形する。形を整える程度で、あまり力を入れて押しつけないこと。

❼まな板に取り出し、切り分ける。

MEMO✚だし巻き卵は、だし入りで甘みがない卵焼きです。黄身と白身がまだらにならず混ざったきれいな焼き上がりにするには、作り方①で卵液を一度こします。こし器は水でサッとぬらしてから使うと、卵液がこびりつかず洗うのが楽です。

上手に焼く秘訣は、強めの中火で手早く焼くこと。弱火でぐずぐず焼いていると巻きにくくなります。またしの量が多いとやわらかくて巻きにくいのですが、よりおいしいので慣れたら、だしを1/2カップくらいまで増やします。片栗粉を少々加えるのも、巻きやすくするための裏ワザです。

茶わん蒸し
蒸し器がなくても作れます

[材料]

鶏ささ身…1/2〜1本（50g）
薄口しょうゆ……少々
えび……小2尾
えのきだけ……10g
かまぼこ（7〜8mm厚さ）……2枚
ぎんなんの水煮……2粒
卵……L1個（70gくらい）
A［だし150mℓ　塩小さじ1/4弱　しょうゆ小さじ1/4］
三つ葉……少々
ゆずの皮（薄くそぐ）……少々

[下ごしらえ]

❶えのきだけと三つ葉は2cm長さに切る。
❷鶏ささ身は一口大のそぎ切りにして薄口しょうゆで下味をつけておく。えびは殻と背わたを取る（p.168参照）。
❸ボウルの中をサッと水でぬらし、卵を割りほぐしAを加えてよく混ぜ、一度こす。だしは完全に冷めたものを使うこと。

[蒸す]

❹茶わん蒸しの器2個の中を水でぬらし、えのきだけ、②の具、かまぼこ、ぎんなんをそれぞれ二等分して入れる。③の卵液を等分に注ぐ。
❺広口の鍋に器の高さの1/4〜1/3ほどの湯を沸かし、フツフツしているところに④を入れる。鍋にふきんをかませ、ふたをして2〜3分は中火で、あとは弱火にして10〜15分くらい湯せんにかける。
❻竹串を刺してみて、卵液がつかなければ鍋から出し、三つ葉やゆずをのせる。

MEMO✚本来、蒸し器で作りますが、お湯を沸かした鍋に茶わんを入れ、湯せんで火を通せば簡単に作れます。ただし、強火ですると、すが入ってなめらかに仕上がらないし、あまり弱

火すぎてもなかなか火が通らないので、お湯はつねにフツフツした状態を保って。ふたにかませるふきんの四隅はそのまま下げておくと、火が燃え移る危険性があるので、必ずふたの上に上げて止めておきましょう。

目玉焼き

弱火でのんきに焼くのがおいしいコツ！

[材料]（1人分）
卵……1～2個
塩……1つ～2つまみ
サラダ油……小さじ1/2

[焼く]
❶フライパンを温め、サラダ油を入れてなじませる。卵を割り入れ、均一に塩をふる。弱火で好みのかたさまでじっくり焼く。しっとりした目玉焼きにしたいときは、ふたをする。湯を小さじ1くらい加えて蒸し焼きにしてもおいしいが、黄身に白い膜がはります。
❷余熱で焼けないように、すぐ器に盛る。

ご飯料理

どれもうまい！
どんぶり物からおにぎり、
混ぜめし、弁当、炊き込みご飯、
すし、おかゆ、洋食・中華まで、
変幻自在なご飯料理のレシピ
34点

いくらご飯

酒粕(かす)に漬けたいくらが
ワンランク豪華な味

[材料] (2人分)

いくら(またはすじこ)……50g
酒粕(やわらかいタイプ)……1/2カップ
温かいご飯……2人分
貝割れ菜(根を切る)……1/4パック

[下ごしらえ]

❶いくら(またはすじこ)は清潔なガーゼに包む。
❷①が入るような小さめの密閉容器に酒粕の半量を入れ、①のいくらをのせる。この上にまた残りの酒粕を置く。冷蔵庫で4〜7日間ねかせる。

[仕上げる]

❸②のいくらを取り出し(すじこの場合は袋を除いて)、炊きたてのご飯にしゃもじでつぶさないように混ぜる。器に盛り、貝割れ菜を散らす。

MEMO✚ いくらは塩漬け、しょうゆ漬けのどちらでもOK。酒粕に漬けると、塩分がほどよく抜けるだけでなく、味も上等に。ご飯に混ぜないで、小鉢にすれば酒の肴(さかな)にもうってつけ。

おにぎり

わんを使うと初心者でも上手にできる！

[材料]（おにぎり6個分）

温かいご飯……わんに軽く6杯分（米2合分）
塩……適量
たらこ……適量
塩ざけ（辛口）……小1切れ
梅干し……1個
焼きのり……適量

[下ごしらえ]

❶塩ざけは1/2カップの熱湯（分量外）でふたをしてゆでて、詰めやすいようにほぐす。梅干しは種を取り、二つに分ける。たらこは焼いて二つに分ける。

[にぎる]

❷わんの内側を水でサッとぬらす。アツアツのご飯をわんにふんわりと軽く入れ、まん中を少しくぼませて具を入れ、上にご飯をかぶせる。

❸手のひらを水でぬらして塩少々を全体にこすりつける。②のわんを手のひらにふせてご飯を出し、はじめはキュッと少し力を入れて形をまとめる。次に三角になるようにやさしく軽くにぎっていく。

❹手の中で転がすようにリズムをとりながらホッホッホッと5〜6回にぎる。何回もしない。それぞれに焼きのりを巻いてでき上がり。

MEMO✚ 焼きのりのほかに、おぼろ昆布や高菜を巻いて三色おむすびにしてもおいしい。味も見た目の彩りもいちだんと映えます。

親子どん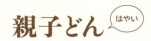

忙しい日に大助かりの
やさしいどんぶり

[材料]（1人分）
鶏肉（親子どん用）……50g
ねぎ……10cm
卵……L1個
A［だし1/2カップ　みりん・しょうゆ各小さじ2］
温かいご飯……1人分（150g）

[切る 下ごしらえ]
❶ねぎは6〜7mm幅の斜め切りにする。卵は割ってサッと溶きほぐす。どんぶりにホカホカご飯を盛りつける。

[煮てとじる]
❷浅めの小鍋にAを入れて強めの中火にかけ、ねぎと鶏肉を入れる。
❸煮汁が半分くらいになり、鶏肉に火が通ったら、溶いた卵を回し入れる。ふたをして弱めの中火で30秒煮る。卵に八分通り火が通ったら、ふたをして火を止め30秒蒸らす。
❹すぐに①のご飯の上に③の具を汁ごとのせる。

MEMO✚ 具は親子どん専用の鍋か、小さな鍋で1人分ずつ作れます。4人分をまとめて作るときは広口のフライパンのような大きめの浅鍋で作ります。ただし、卵に火を通す時間が少しかかります。ねぎを玉ねぎに替えてもOK。

カツどんぶり

ソース味とキャベツ。いつものカツどんとは違う味!

材料 (2人分)
豚ロース肉 (とんカツ用)……2枚
塩・こしょう……各少々
衣
　- 小麦粉……大さじ1〜2
　- 溶き卵……S1個分
　- パン粉……適量
揚げ油……適量
ソース [ケチャップ・しょうゆ・ウスターソース・酒・水各大さじ1]
キャベツ (せん切り)……2枚 (150g) 分
温かいご飯……2人分 (350g)

下ごしらえ

❶豚ロース肉は室温に30分前に出しておく。ところどころ包丁で切り目を入れ筋切りして、塩、こしょうをふる。
❷①に小麦粉をしっかりまぶす。溶き卵をくぐらせてパン粉をしっかりつける。
❸器にソースの材料を混ぜ合わせておく。

揚げる

❹②を中温 (170〜180℃) の揚げ油で揚げる (P.331参照)。カツが揚がったら2cm幅に切って、アツアツのうちに片面だけ③のソースにたっぷりつける。
❺温かいご飯を二つのどんぶりに盛り、その上にたっぷりとせん切りキャベツをのせ、④のアツアツのカツをソースのついているほうを下にして並べる。

MEMO✚とんカツ、キャベツ、ソースという切っても切れない味のトリオはどんぶりだけでなく、お弁当にももってこい。ホカホカのご飯を弁当箱によそい、山盛りのキャベツをのせて、その上に揚げたてのカツをまたのせてふたをすると……、これが昼になるとじつにいい味になるんです。

木の葉どんぶり (はやい)

かまぼこが主役の超お手軽どん

[材料]（1人分）
玉ねぎ……1/4個（50g）
かまぼこ（4〜5mm厚さ）……4〜5枚
卵……1個
A［だし大さじ3　みりん・しょうゆ各小さじ2］
温かいご飯……1人分（150g）

[下ごしらえ]
❶玉ねぎは繊維に沿って薄切りにする。卵は割って、サッと溶きほぐす。

[煮てとじる]
❷小鍋にAと玉ねぎを煮立て、かまぼこを並べる。フツフツしているところに溶き卵を回し入れる。
❸ふたをして中火で30秒〜1分煮る。卵に八分通り火が通ったら、ふたをして火を止めて30秒蒸らす。
❹どんぶりにご飯を盛り、③の具を汁ごとのせる。

MEMO✚かまぼこが少しあれば、たちまちできるお手軽どんぶり。1人分でもおいしくできます。大阪ではまん中にさらに卵黄をポトンと落として食べたりします。

菜めし (はやい)

**刻んだ大根葉を混ぜるだけ
彩りと味わいアップ**

[材料]（2人分）
大根葉（刻む）……1/2カップ
塩……小さじ1/4
温かいご飯……2人分（米1合分）
いりごま（白）……小さじ2

[下ごしらえ]

❶大根葉はかたい部分を除いて、中心部の葉や茎のやわらかいところを細かく刻んで1/2カップ用意する。
❷①に塩をふり、キュッキュッともんで30分くらいおき、シナッとしたら水けをきり、かたく絞り上げる。

[混ぜる]

❸温かいご飯に②といりごまを混ぜ、味をみて塩少々（分量外）で調える。

三色どんぶり

彩りよく、3種類のおいしさ。お弁当にも

[材料]（2人分）

鶏そぼろ
- 鶏ひき肉……150g
- しょうが（すりおろし）……少々
- しょうゆ・みりん・酒……各大さじ1

卵そぼろ
- 卵……1個
- 塩……少々

絹さやの塩ゆで
- 絹さや……50g
- 塩……適量

温かいご飯……2人分（300g）
紅しょうが……適量

[鶏そぼろを作る]

❶小鍋に鶏そぼろの材料をすべて入れ、3〜4本の菜箸でかき混ぜる。中火にかけ、鶏肉がパラリとなるまでかき混ぜながらいりつける。

[卵そぼろを作る]

❷鍋をサッと水でぬらし、卵を割り入れて溶き、塩を加える。3〜4本の菜箸でかき混ぜながら中火でホロホロにいる。

[絹さやの塩ゆでを作る]

❸湯を沸かし、塩を加えてサッとゆでる。粗熱が取れたら、斜めに刻む。

[仕上げる]

❹二つのどんぶりに温かいご飯を盛り、それぞれ鶏そぼろと卵そぼろ、絹さやをのせ、紅しょうがを添える。

鶏ごぼうめし

具を混ぜるだけ。失敗なし！

[材料]（2人分）
鶏こま切れ肉……100g
ごぼう……15cm（50g）
ごま油……小さじ1
三つ葉（刻む）……10g
温かいご飯……2人分（米1合分）
A［酒・しょうゆ・みりん・水各大さじ1］

[切る]

❶ごぼうは皮をよく洗って細めのささがきにし、さっと水洗いする。三つ葉は細かく刻む。

[炒め煮する]

❷鍋を熱してごま油をなじませ、①のごぼうと鶏こま切れ肉を入れて強火でザッザッと炒める。

❸肉の色が変わったらAを加えて、ふたをして弱めの中火で4～5分ほど煮る。

[混ぜる]

❹炊きたてのご飯に③を汁ごと加え、さっくりと切るようによく混ぜる。器に盛りつけて刻み三つ葉をふる。

ねぎとろどん（はやい）

見た目より味で勝負の一品！

[材料]（1人分）
まぐろ刺身（ぶつ切り）……1人分（80g）
細ねぎ（小口切り）……1/2カップ
わさびじょうゆ……小さじ1
しょうゆ……少々
温かいご飯……1人分（150～180g）

[下ごしらえ]
❶ トッピング用として盛りつけてから使う細ねぎは、少し別に取っておく。

[たたいて仕上げる]
❷ まな板の上に小口切りの細ねぎを置いて、上にまぐろをのせる。包丁で上からたたいて、ねぎといっしょに刻む。
❸ ②にわさびじょうゆをからめる。
❹ どんぶりに温かいご飯を盛り、③をのせて残しておいた細ねぎを散らす。食べるときにしょうゆ少々をかける。

のりおかか弁当 (はやい)

**のりはちぎってご飯にのせて。
これが本物ののりおかかの味**

[材料]（1人分）

温かいご飯……1人分
削り節……1袋（4g）
焼きのり……適量
しょうゆ……小さじ1

[下ごしらえ]

❶削り節にしょうゆ小さじ1/2をまぶしてよく混ぜ、おかかを作る。

[仕上げる]

❷弁当箱の1/3の高さにご飯を詰め、①のおかかをのせて残りのご飯を詰める。
❸焼きのりは一口大にちぎり、片面だけにしょうゆをつけて②の上にのせる。

MEMO✚ ご飯の上にのりを1枚ペロンとのせたお弁当を、一口食べたとき、のりが全部はがれてしまって、あとはご飯の上になんにも残ってな〜い。そんな経験、ありませんか？ これを一挙に解決したのが、このお弁当。一口大にちぎったのりをご飯の上にペタペタはっていくのがミソ。のりを2段にしてもOK。「正調のりおかか弁当」とでも呼べそうです。卵焼き、青菜のおひたし、焼き魚などのおかずを添えればもう絶品。

ご飯

深川めし

東京湾のあさりをサッと煮て
どんぶりにしたのが始まり

[材料] (2人分)
あさりの水煮缶詰……1缶
しょうが（せん切り）……1/2かけ分
A［しょうゆ・酒各大さじ1］
温かいご飯……2人分（米1合分）
もみのり（または焼きのり）……1枚分

[煮る]
❶鍋にあさり水煮缶を缶汁ごと入れ、しょうがも入れて火にかけ、Aを加えて2〜3分ワーッと強火で煮る。

[仕上げる]
❷二つのどんぶりにご飯を盛り、上にもみのりを散らし、①を熱いうちに1/2量ずつ汁ごとかける。

MEMO✢東京下町の深川という地名がそのまま料理名になった一品。昔、地元でとれたあさりをサッと煮て、汁ごとアツアツのご飯にかけたどんぶりは名物で、今でも深川あたりのどんぶり屋さんには「深川どん」が残っています。缶詰でなく、生のあさりのむき身で作ればさらに本格的。ご飯にもみのりを散らしてから、あさりを汁ごとかけるのがポイント。磯（いそ）のよい香りがパーッと漂います。

麦とろ

昔ながらの庶民の味。
若い人にもぜひ作ってほしい一品

材料 (2人分)

米……3/4合 (135㎖)
麦……1/4合 (45㎖)
長芋……10cm (150g)
だし (冷めたもの) ……1/2〜3/4カップ
A［薄口しょうゆ大さじ1/2　みりん小さじ1/2］
青のりまたはもみのり……適量

麦ご飯を炊く

❶炊く30分以上前に、麦と米を合わせて洗い、ざるに上げておく。炊飯器の内釜に米と麦、水約230㎖ (分量外) を入れて炊く。

とろろを作る

❷長芋の皮は、手でにぎる部分を残してむき、すり鉢の側面にこすりつけながら回してすりおろす (おろし金ですりおろしてもいい)。そのあと、すりこ木でなめらかになるまでよくする。

❸②に冷めただしを少しずつ加えてすりのばす。好みの濃さにのばしたら、Aで味を調える。

❹麦ご飯の上に③をかけて、青のりやもみのりを散らして食べる。

MEMO✚長芋のほかに、手のひらのような形をした大和芋もあり、こちらのほうは値段が高いけれど、粘けが強いので、味の濃さを楽しめます。大和芋で作る場合は、長芋のときよりだしを多めに加えてのばし、濃度を調節すること。

長芋や大和芋で手がかゆくなる人は、いずれの芋もすりおろす前にフォークで刺して皮つきのまま熱湯に3秒ほどつけ、すぐ水にとればだいぶ楽です。

ご飯

焼きおにぎり (ゆったり)

ホットプレートで焼くと失敗なし！

材料（1人分）
おにぎり……2個
しょうゆ……小さじ1～2

下ごしらえ
❶おにぎりは塩をつけずに、やや薄めににぎったものを用意する。おにぎりの作り方（P.215参照）。

焼く
❷焼き網かオーブントースターを熱して、おにぎりの両面を焼く。
❸おにぎりの表面が乾き、薄く色づいてきたら、それぞれにしょうゆをはけでぬり、さらに焼く。

MEMO+ しょうゆをぬるタイミングは、おにぎりの表面が焼けてきてから！　でないと、水分でおにぎりがくずれやすくなってしまいます。

かきご飯

かきとしょうがを同時に
炊き込むのがポイント!

材料 (2人分)

米……1合 (180ml)
かき (小粒のもの) ……100g
A [酒大さじ1　しょうゆ大さじ1/2　塩小さじ1/4
　みりん小さじ1/2]
しょうが (細いせん切り) ……1/2かけ分 (5g)
ゆずの皮 (せん切り) ……適量

下ごしらえ

❶米は洗っていつもの水加減をしたところから、大さじ2杯分の水を取り除く。30分ほど浸しておく。
❷かきは大根おろし1/4カップくらい (分量外) で洗い (p.177参照)、何度か水を替えて洗い流す。よく水けをきる。

炊く

❸①の米にAを加えて混ぜ、かき、しょうがも加え、表面を平らにしてすぐに炊きはじめる。
❹十分に蒸らして器に盛り、ゆずの皮のせん切りを散らす。

MEMO✚かきは火を通しすぎると縮むことから、ご飯が炊き上がるころに加えることが多いのですが、最初から米にかきを入れていっしょに炊き上げます。じつは、そのほうが断然おいしい!　なによりご飯の味がすばらしいのです。隠し味のしょうがも、欠かせない味の決め手。

かやくご飯

具と調味料は炊く直前に
加えるとふっくら仕上がる

[材料]（2人分）

米……1合（180mℓ）
干ししいたけ……1〜2枚
油揚げ……1/2枚
にんじん……2cm
こんにゃく……1/4枚（50g）
ごぼう……10cm（30g）
A［薄口しょうゆ小さじ2　酒小さじ1］
青のり・紅しょうが……各適量

[下ごしらえ 切る]

❶干ししいたけは1カップくらいの水かぬるま湯で戻し、半分に切って細切りにする。戻し汁はとっておく。
❷米は炊く30分前に洗う。炊飯器に入れていつもよりやや少なめの水加減にして、戻し汁を注ぐ。足りなければ、水を足し30分ほど浸しておく。
❸にんじんは2cm長さの細切りにする。こんにゃくも同じくらいの細切りにする。ごぼうは皮をたわしでゴシゴシ洗い、ささがきにして水に放つ。
❹油揚げは湯で洗ってキュッと絞り、縦二つに切ってからせん切りにする。

[炊く]

❺②にAを加えてザッと混ぜ、①、③、④の具を加え、表面を平らにして炊飯器のスイッチを入れる。
❻炊き上がったら十分に蒸らし、底のほうからほっこりと混ぜる。器に盛って青のりを少々ふり、紅しょうがを添える。

きのこご飯

秋、きのこのシーズンに食べたいご飯

[材料] (2人分)
米……1合 (180㎖)
しめじ……1/2パック (50g)
生しいたけ……4枚 (50g)
油揚げ……1/4枚
A [酒大さじ1　塩小さじ1/4　しょうゆ大さじ1/2]
ゆずの皮 (あれば、すりおろす) ……少々

[下ごしらえ 切る]

❶米は炊く30分以上前に洗い、いつもの水加減をしたところから大さじ1 1/2の水を取り除く。30分ほど浸しておく。
❷油揚げは湯で洗ってキュッと絞り、半分に切って細切りにする。しめじは石づきを切り落とし、ほぐす。生しいたけは、石づきの汚いところだけを切り落とし、細切りにする。

[炊く]

❸①にAを加えてザッと混ぜ、油揚げときのこ類を入れ、表面を手でならして、すぐに炊きはじめる。
❹十分に蒸らしたら、米粒をつぶさないようにほぐす。季節によって、あればゆずの皮のすりおろしをふりかけたり、すだちを絞ると、なおおいしい。

生しいたけの
石づきを切る

栗ご飯 （ゆったり）

栗は下ゆですれば皮もむきやすい。
時間のあるときに、秋の味覚を

[材料]（2人分）

米……1合（180㎖）
栗……150g
塩……小さじ1/2
みりん……小さじ2
酒……小さじ1

[下ごしらえ]

❶米は洗って、ふつうのご飯と同じ水加減にし、そこから大さじ1の水を取り除く（あとで加える調味料の水分だけ、水を減らす）。
❷栗は表皮と渋皮をむいて二つ〜四つに切り、塩を混ぜて30分おく。
❸②の栗にみりんをからめる。

[炊く]

❹①に③の栗を調味料ごと加える。さらに酒も加え、すぐに炊きはじめる。
❺炊き上がったら十分に蒸らして、そのあと全体を大きく混ぜる。

MEMO✚米1合のうちの1/2合をもち米に替えると、より本格的な栗ご飯に。
栗の皮をむくのはひと仕事ですが、少し楽にむける方法があります。まず栗を鍋に入れ、かぶるほどの水を注いで火にかけ、煮立ってから5分ゆでます。ゆで汁につけたままおき、粗熱が取れたら、皮をむきます。表皮と渋皮に火が通っていますから、包丁をあててもすべらないので危なくありません。

さつま芋ご飯

**さつま芋は塩水につけてアク抜きを。
きれいな色に仕上がる**

[材料]（2人分）
米……1合（180㎖）
さつま芋……1/2本（100g）
A［酒小さじ1　塩小さじ1/4］
いりごま（黒）……適量

[下ごしらえ 切る]

❶米は洗い、いつもの水加減にして30分ほど浸しておく。
❷さつま芋は1.5cm角に切り、すぐ海水くらいの塩水（分量外）に5〜10分つけてアクを抜く。

[炊く]

❸①の米にAを加え、ザザッと混ぜ、さつま芋の水けをきって加え、すぐに炊きはじめる。
❹炊き上がったら十分に蒸らし、そのあと全体を大きく混ぜる。さつま芋が多少くずれることは気にしないで混ぜてよい。器に盛りつけ、ごまをパラパラとふる。

MEMO✚さつま芋は切ったら、すぐに塩水につけていくと、色よく仕上がり、煮くずれもしにくくなります。皮をむいて黄色く仕上げたいときは、厚めにむきます。皮ごとのときはそのまま切って使います。好みで炊いてください。

ご飯

赤飯

蒸し器を使わず炊飯器で炊くから簡単！

[材料]（4人分）

もち米……2合（360mℓ）
ささげ（またはあずき）……25〜30g
ゆで汁……1 1/2カップ（300mℓ）
ごま塩……適量

[下ごしらえ]

❶もち米は洗って60分以上水に浸しておく。
❷ささげ（またはあずき）は鍋に入れ、かぶるくらいの水を加えて強火にかけ、煮立ったらゆで汁をきる。さらに、新しく水2カップ（分量外）を加えて火にかけ、フツフツしたら弱めの中火にして10分ゆでる。ゆでた豆とゆで汁は分けて冷ます。

[炊く]

❸①の米をざるに上げて水けをきり、炊飯器に入れ、②の分量のゆで汁を入れて30分おく。
❹③に②の豆を加えて、炊きはじめる。炊き上がったら、十分に蒸らしてからさっくりと混ぜ合わせて器に盛り、ごま塩をふる。

MEMO✚蒸し器でふかす本式のお赤飯のほうが味は上ですが、うまくふかすのはなかなか難しいもの。その点、炊飯器なら失敗がありません。

鯛めし (ゆったり)

尾頭つきたいの塩焼き。お祝いやお正月に最適

材料 (4人分)

米……2合 (360㎖)
たいの塩焼き……小さめ1尾
A [薄口しょうゆ小さじ2　みりん小さじ1/2　酒大さじ2]
しょうが……1かけ (10g)
ゆずの皮 (せん切り)……適量

下ごしらえ 切る

❶米は洗って30分水に浸し、いつもの水加減から大さじ2の水を取り除く。
❷しょうがは皮ごと繊維に沿って薄切りにしてから、せん切りにする。

炊く

❸①の米にAを加え、ザッと混ぜてたいの塩焼きをのせ、しょうがを散らして、すぐに炊きはじめる。
❹炊き上がったら、たいだけを大皿かバットに出す。必ず骨が入らないように注意して身をていねいにほぐす。皮は苦手なら除いてもよい。
❺ほぐしたたいの身をまたご飯にのせて、全体をよく混ぜる。器に盛り、ゆずを散らす。

MEMO➕ お正月やお祝いの席には欠かせない尾頭つきのたいの塩焼き。でも、時間がたつと、身もかたくなり、味わいも落ちてきます。そんなたいの塩焼きは、ぜひたいめしに。いったん焼いてあるので、生臭みはなく、たいのおいしい香りと風味がよくしみ込んだごちそうご飯に生まれ変わります。
たいの焦げ目が炭っぽくなっている場合や、化粧塩 (焼くときに尾などにまぶしつける塩) が濃い場合にはザッと落としてから炊くこと。またたい骨は危ないので身をほぐすときは、必ず骨が入らないように細心の注意を。

豆ご飯

さやつきグリンピースで作って

[材料] (2人分)

グリンピース(豆)……1/3カップ (40〜50g)
米……1合 (180㎖)
塩……小さじ1/2弱
昆布……5cm
酒……大さじ1

[下ごしらえ 炊く]

❶米は洗っていつもの水加減にして、30分ほど浸しておく。
❷①の米に塩、酒を加えてザッと混ぜ、昆布、グリンピースを加え、表面を平らにしてすぐに炊きはじめる。
❸炊き上がったら十分に蒸らし、水でぬらしたしゃもじで全体をさっくりと混ぜ合わせる。

MEMO✢米といっしょに炊くとシワが寄り、色は悪くなりますが、見た目より味を優先しましょう。

いなりずし (ゆったり)

具がいっぱいのぜいたくなおいなりさん

[材料] (2人分)

油揚げ……3〜4枚
A [しょうゆ大さじ2　砂糖大さじ1〜2
　みりん大さじ1　だし3/4カップ]
米……1合 (180㎖)
合わせ酢 [米酢大さじ3　砂糖小さじ1　塩小さじ1/4]
ごぼう……5cm
にんじん……1cm
B [だし1/3カップ　薄口しょうゆ小さじ1]
溶きがらし・甘酢しょうが……各適量

下ごしらえ

❶油揚げは半分に切り、両手の間にはさんでピタピタたたくか、めん棒を転がして中を開きやすくし、袋状に開く。熱湯で10分ほどゆでたあと、水で洗い、そっと水けを絞る。
❷鍋にAを煮立て①の油揚げを入れ、焦がさないように注意し弱めの中火でふたをして10分煮、そのまま冷ます。
❸ご飯を炊き、炊き上がったアツアツのご飯に合わせ酢を回しかけ、さっくりと全体を混ぜ合わせてすし飯を作る。ぬれぶきんをかけて冷ます。
❹ごぼうは小さいささがきにしてサッと洗い、にんじんは薄い輪切りにしてからせん切りにする。
❺小鍋に、ごぼう、にんじん、Bを入れ、5〜10分ほど煮て冷めるまで煮汁につけ、冷めたら汁けをきる。

仕上げる

❻③のすし飯に⑤の具を混ぜ込んで六〜八等分する。②の油揚げの汁けを軽く絞ってすし飯を詰める。おいなりさんの上にちょこっと溶きがらしをのせ、甘酢しょうがを添える。

MEMO✚すし酢は市販でもかまいません。ただし、少し甘いので酢を足して使うとよいです。油揚げは、関東では長方形ですが、関西では正方形の油揚げがよく売られています。それを対角線に切って、すし飯を詰めると、三角のおいなりさんになります。正方形の油揚げは、4枚では足りないので量を増やすこと。おいなりさんを作るときは、豆腐屋さんに言ってください。袋にしやすいものを選んでくれます。近ごろはすでに袋状になった便利な油揚げも見かけます。

ちらしずし（ゆったり）

飯台がなくても上手にできる

材料 （3〜4人分）

干ししいたけ……5枚
A［しょうゆ・砂糖各大さじ1
　干ししいたけの戻し汁1カップ］
かんぴょう……50cm
高野豆腐……1枚
B［だし3/4カップ　みりん・砂糖各大さじ1/2
　薄口しょうゆ小さじ1］
にんじん（2cm長さのせん切り）……2cm
れんこん（縦に六つ〜八つ割りにして薄切り）……小1/2節（50g）
C［水1カップ　塩小さじ1/4　米酢大さじ1］
えび……6尾
錦糸卵［卵1〜2個　塩・サラダ油各少々］
米……1 1/2合（270㎖）
昆布……5cm角
酒……大さじ1
D［米酢1/4カップ　砂糖小さじ2　塩小さじ1/2］
米酢……大さじ1
三つ葉（1cm長さに刻む）……適量
甘酢しょうが……適量

下ごしらえ

❶干ししいたけは水かぬるま湯で戻して、軸を取る。
かんぴょうはザッと洗い、塩小さじ1/2（分量外）をふってもみ洗いし、たっぷりの湯で15分ほど下ゆでし、水けをきる。

具を準備する

❷鍋の中を水でぬらしてAを火にかけ、フツフツしてきたら、戻したしいたけとかんぴょうを入れ、ふたをして弱火で15分煮含める。冷めたら、しいたけは半分に切ってから細切りに、かんぴょうは細かく刻む。
❸高野豆腐は表示どおりに戻し、Bを煮立てた鍋に入れ、弱

めの中火でふたをして10〜15分煮る。冷めたら1cm弱角くらいのさいの目に切る。
❹れんこんは水にさらす。Cににんじんとれんこんを入れ、歯ごたえが残る程度にふたをして5分ほど煮て、冷めるまで煮汁につけ、混ぜるときに汁けをきる。
❺えびは背わたを取ってゆで、殻をむいて1cm長さのコロコロに切る。
❻錦糸卵を作る。フライパンか卵焼き器を熱してサラダ油を薄くひき、塩少々を加えた溶き卵を流して全体に素早く回し広げる。薄く両面を焼いて細く切る。

[すし飯を炊く]
❼米はよく洗い、いつもよりやや控えめに水加減し、炊く直前に酒大さじ1と昆布を入れて炊き、10分ほど蒸らす。

[仕上げる]
❽飯台の中を酢の入った水（分量外）でぬらす。飯台のない人は大きいボウルか木製の鉢、サラダボウルなどを使う。⑦のご飯をあける。すぐにDの合わせ酢を回しかけ、手早く切るように混ぜながら冷ます。
❾しいたけ、かんぴょう、高野豆腐、れんこん、にんじん、えびはそれぞれざるに上げて自然に汁けをきる。具は2〜3種類ずつ⑧に加えてさっくりと混ぜる。最後に米酢大さじ1を手でパラパラッとふる（ふり酢という）。器に盛り、⑥の錦糸卵をたっぷりとのせる。三つ葉を散らし、甘酢しょうがを添える。

MEMO✚大ぶりのボウルなどを代用して、すし飯を混ぜる方法をご紹介しましたが、木製のものなら飯台の代わりに木が余分な水けを吸い取っておいしく仕上がるので大丈夫です。

おかゆ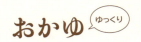

水加減一つで、いろいろな食感の おかゆが楽しめる

[材料] (2人分)
[全がゆ] ……米1/2カップ、水2 1/2カップ (500mℓ)
[七分がゆ] ……米1/2カップ、水3 1/2カップ (700mℓ)
[五分がゆ] ……米1/2カップ、水5カップ (1ℓ)
[三分がゆ] ……米1/2カップ、水10カップ (2ℓ)
塩……少々

[下ごしらえ]

❶米は洗って、分量の水に15〜30分ほど浸しておく。おかゆは水量が多くてふきこぼれやすいので、鍋は深め、厚めがよい。

[炊く]

❷鍋を中火にかけ、沸騰してきたら弱火にして、30〜60分ゆっくりコトコトと炊く。このときはふたはしたままでよい。途中でふきこぼれるようなら、ふたを少しずらす。
❸水分が足りないときは、熱湯を適量足す。ここで水を入れるより、熱湯のほうが味が落ちない。炊き上がったら、塩で好みの味に調え、練らないようにかき混ぜ、火を止める。

MEMO✚通常おかゆと呼ばれているのは、全がゆ。「こてっ」とした舌ざわりのおかゆです。それに対して、七分がゆは「どろっ」、五分がゆは「とろとろっ」、三分がゆは「さらさら」といった具合にどんどん水分が多くなっていきます。
1時間くらい炊くのが理想的だけれど、時間がない場合や、炊く量が少ない場合は30〜40分でも大丈夫。とくに急ぐ場合ははじめから熱湯で炊いてもいいんです。

茶がゆ

やさしい食感と
緑茶の香りが新鮮！

[材料] (2人分)
米……1/2カップ
水……3 1/2カップ
緑茶 (濃いめ) ……1カップ

[下ごしらえ 炊く]

❶米は洗って鍋に入れ、分量の水を加え、15分ほど浸して、そのまま中火にかける。沸騰したらグンと火を弱め、ふきこぼれないように注意しながら、コトコトと1時間ほどかけてゆっくり炊く。途中でかき混ぜないこと。
❷おかゆをご飯茶わんの七～八分目に盛って、上から熱いお茶を注ぐ。

MEMO✛これは茶がゆの手軽な作り方。本式の茶がゆは、緑茶小さじ1～2を布袋に詰めて鍋に入れ、米といっしょに炊きます。

ご飯

オムライス

ご飯を炒めないからベトつかず、さっぱりと仕上がる

材料 (1人分)
- 卵……1〜2個
- 鶏ささ身……1本 (50g)
- 玉ねぎ……小1/2個 (40g)
- ピーマン……1/2個 (20g)
- オリーブ油……小さじ2
- 塩・こしょう……各少々
- ケチャップ……大さじ2
- 温かいご飯……1人分 (150g)

切る
❶玉ねぎとピーマンは1cm角に切る。鶏ささ身も野菜と同じような大きさにコロコロと小さく切る。

チキンライスを作る
❷フライパンを熱して、オリーブ油小さじ1をなじませ、玉ねぎ、鶏肉、ピーマンを炒め、塩、こしょうをふる。いったん火を止めてケチャップを加える。

❸再び火をつけて、全体がフツフツしてきたら火を止める。温かいご飯を加え、よく混ぜ合わせる。

卵で包む
❹卵を溶きほぐし、塩1つまみ (分量外) を加えて混ぜる。フライパンを中火で熱してオリーブ油小さじ1をなじませ、卵液を流し入れ、大急ぎで広げて卵の表面がまだ生っぽいうちに❸のチキンライスをのせる。卵の両端をパタンパタンとかぶせてチキンライスを包み込む。

❺❹を器に盛りつけ、好みでケチャップ (分量外) をかける。

MEMO✚オムライスの秘訣は、炒めないチキンライスにあり。具だけ炒めてケチャップで味をつけ、そこへ温かいご飯を混ぜるだけ。この方法だと、ご飯がベトつかない、焦げない、冷めても油っぽくならないからお弁当にもいい。

カレーピラフ (はやい)

パラリと炒めるコツは、ご飯をさっくり混ぜる

[材料] (1人分)
ご飯……1人分 (150g)
玉ねぎ……小1/4個 (40g)
ピーマン……1/2個 (20g)
ハム……1〜2枚
サラダ油……小さじ2
A [カレー粉小さじ1/4〜1/2　塩2つまみ]

[切る]
❶玉ねぎ、ピーマン、ハムは1cm角に切る。

[炒める]
❷フライパンにサラダ油を熱し、強火にして玉ねぎ、ピーマン、ハムの順に炒め、Aで調味する。
❸②にご飯を加え、全体がアツアツになるまで炒める。

ご飯

卵チャーハン

特製ねぎじょうゆが、うまさの素

[材料]（1人分）
卵……1個
温かいご飯……1人分（150g）
ねぎじょうゆ［ねぎ5cm　しょうゆ小さじ1
　ごま油2〜3滴］
サラダ油またはごま油……小さじ1
紅しょうが……適量

[下ごしらえ]
❶ねぎじょうゆを作る。器にしょうゆとごま油を入れ、小口切りにしたねぎを加えて混ぜる。卵は割りほぐす。

[炒める]
❷中華鍋かフライパンを熱し、サラダ油（ごま油）をなじませ、強火にする。溶き卵をパッと入れて鍋全体に広げる。
❸すぐに、卵がまだ生っぽいうちにご飯を入れる。フライ返しでご飯を鍋全体に広げて押しつけ、焼くように炒める。
❹卵とご飯がパラリと混ざってきたら、①のねぎじょうゆを入れ、パラリと炒め、器に盛りつける。味をみて足りなければ、塩少々（分量外）で味を調える。紅しょうがを添える。

MEMO✚焦げるのが怖いからといって、弱い火でのろのろ炒めないこと。中華鍋かフライパンに油を熱したら、最後まで強火で一気に炒め上げるのがパラパラチャーハンを作るコツ。
たくさん作りたい場合は、家庭のコンロだと一度に炒めるご飯は2人分まで。これより多いと、ご飯がベタつく原因に。特製ねぎじょうゆを使えば、家で作るチャーハンもぐ〜んと本格的に仕上がります。

チキンライス

**ケチャップで味つけした具に
ご飯を混ぜるだけ！**

材料 (1人分)

鶏ささ身……1本 (50g)
玉ねぎ……小1/4個 (40g)
ピーマン……1/2個 (20g)
オリーブ油……小さじ1
塩・こしょう……各少々
ケチャップ……大さじ2
温かいご飯……1人分 (150g)

切る

❶玉ねぎとピーマンは1cm角に切る。鶏ささ身も野菜と同じような大きさにコロコロと小さく切る。

炒める

❷フライパンを熱してオリーブ油を入れ、玉ねぎ、鶏肉、ピーマンを炒め、塩、こしょうをふる。いったん火を止めてケチャップを加える。再び火をつけ、全体がフツフツしてきたら火を止める。

❸温かいご飯を加え、よく混ぜ合わせる。

MEMO✚ 昭和の洋食の代表を家庭風に仕上げました。油っぽくなくて、じつにさっぱり。ケチャップを加えた具に温かいご飯を混ぜるだけだから、味も作り方もとてもシンプルです。

中国がゆ

寒い日には体の芯から温まる!

材料 (2人分)

米……1/2カップ
水……5カップ
鶏手羽元または鶏手羽先……4本
塩……2つまみ
薬味[しょうが・ザーサイ(各せん切り) 各適量　ねぎ(しらがねぎ)・三つ葉(刻む)・いりごま(白)・豆板醤(トウバンジャン)各適量]

下ごしらえ

❶米は洗って鍋に入れ、分量の水を加えて、15〜30分ほど浸しておく。
❷鶏手羽元(または手羽先)は湯を沸かしグラグラしているところに入れ、表面の色が変わるまでゆでる。

炊く

❸下ゆでした②の鶏肉を①の鍋に加え、はじめは中火にして、フツフツしたら弱火にし、ふたをして40〜50分煮る(ふたは少しずらしてふきこぼれを防ぐ)。
❹炊き上がったら鶏肉を取り出し、おかゆを塩で味つけして火を止める。器に取り分け、好みの薬味をのせて食べる。

MEMO✚スープをとった鶏肉は身を骨からはずしてほぐし、ごまあえやみそ、豆板醤みそなどであえておかずにするとよいでしょう。

中国風おこわ

せいろがなくても炊飯器でおいしくできる

材料 (2人分)
もち米……1合 (180㎖)
豚薄切り肉……50g
干ししいたけ……2枚
ゆでたけのこ……小1/2個 (50g)
ぎんなん (水煮) ……5～6粒
にんにく・しょうが (各みじん切り) ……各少々
いりごま (白) ……適量
ごま油……小さじ3
A [酒大さじ1　しょうゆ大さじ1/2　塩小さじ1/4]

下ごしらえ 切る

❶もち米は洗って60分ほど水に浸し、ざるに上げて水けをきる。干ししいたけは水かぬるま湯で戻して石づきを切り落とし、二つに切ってから細切りにする。戻し汁はとっておく。
❷ゆでたけのこは細切り、豚肉は1cm幅に切る。

炒める

❸フライパンか中華鍋にごま油小さじ2を熱し、にんにく、しょうがを入れて炒め、すぐに豚肉、しいたけ、たけのこ、ぎんなんの順に加えて強火で炒める。
❹火を止めて、Aを加えて混ぜ、もち米も加えてよく混ぜる。

炊く

❺④を炊飯器に移してごま油小さじ1を加え、しいたけの戻し汁150㎖ (分量外) を加えて表面を平らにし、すぐに炊く。
❻十分に蒸らし、しゃもじで大きくかき混ぜて、具が均等にいきわたるようにする (混ぜすぎるとベタベタになる)。器に盛って白いりごまを散らす。

MEMO✚本式にはせいろでふかして作ります。炊飯器でもおいしく炊けます。ふつうの米でもかまいませんが (このときの水は200㎖)、もち米を使うと中国料理らしい味に。

なすカレー

なすと鶏ひき肉のシンプルカレー。でも味は本格派

材料 (2人分)

なす……5〜6個 (350〜400g)
塩……適量
サラダ油……大さじ1 1/2
にんにく・しょうが (各みじん切り) ……各1/2かけ分
赤とうがらし……1〜2本
鶏ひき肉……150g
A [ベイリーフ1/2枚　カレー粉小さじ3〜4　塩小さじ1/2　こしょう少々　固形スープの素1/2個 (つぶす)　あればチリパウダー・クミン・ガラムマサラ・コリアンダー各少々]
ターメリックライス [米1合　ターメリックまたはカレー粉小さじ1/4　サラダ油小さじ1/2]

切る

❶ なすは皮をむいて縦八つ割りに切り、5〜10分海水程度の塩水にさらし水けをきる。赤とうがらしはヘタと種を除く。

炒めて煮る

❷ 鍋にサラダ油、にんにく、しょうが、赤とうがらしを入れて弱火にかける。香りが立ってきたら強めの中火にして鶏ひき肉を加えて炒める。

❸ 肉に火が通ったら①のなすを加え、全体に油が回ってアツアツになるまでよく炒める。Aを加え、水1 1/2〜2カップ (分量外) を注いで、ふたをしないで、中火で20〜30分煮込む。

❹ ターメリックライスの米は炊く30分前に洗い、水けをきり炊飯器に入れる。いつもどおりの水加減をしてターメリック、サラダ油を加えて炊く。器に盛り、なすカレーをかける。

MEMO♣仕上げにココナッツミルク1/2カップを入れるとエスニック風カレーに。チリパウダー、クミン、ガラムマサラ、コリアンダーの香辛料は全部なくてもOK。カレー粉だけでもおいしく作れます。暑い日はふたをぴったりかぶせると蒸気が落ちて水っぽくなるので、少しずらしてのせるのがコツ。

ハヤシライス

お手軽洋食でも味は自慢！

材料（2人分）

牛薄切り肉……150g
玉ねぎ……1個（150〜200g）
サラダ油・バター……各大さじ1/2
小麦粉……大さじ2
トマトジュース……1カップ（200㎖）
水……1カップ
A［固形スープの素1個　ベイリーフ1/2枚
　ウスターソース・ケチャップ各大さじ1］
グリンピース（冷凍）……大さじ1
塩・こしょう……各適量
温かいご飯……2人分

切る

❶玉ねぎは縦二つに切り、繊維を断つように横に1cm幅に切る。牛肉は5〜6cm長さに切る。

炒めて煮る

❷フライパンにサラダ油とバターを入れて熱し、中火で玉ねぎを炒める。アツアツになったら牛薄切り肉をほぐしながら加えて、肉の色が変わったら、小麦粉をふり入れて2〜3分よく炒める（鍋にくっついても気にしない）。

❸肉の色が完全に変わったら、トマトジュースと分量の水を加え木ベラで鍋底をこそげるように混ぜる。Aを加え、ふたをして20〜30分間弱火で煮る。ときどき焦げつかないように底からかき混ぜ、塩、こしょうで味を調える。

❹器にご飯を盛り、③をかけ、ゆでたグリンピースを散らす。

MEMO✚③でふたをして弱火で煮込みますが、表面はいつもフツフツと煮立っているような火加減にするのがポイント。本格的なハヤシライスはドミグラスソースから作りますが、このハヤシは、いつものカレーと同じように手軽に作れます。一晩おけば（4〜10月は冷蔵庫に入れて）、味わいもアップ。

ミルクリゾット

シーフードたっぷりの
さらっとした洋風がゆ

[材料] (1人分)

いか (刺身用)……1人分 (50g)
むきえび……2尾
玉ねぎ……1/4個
ピーマン……1/2個
バター……1cm角
牛乳……1 1/4カップ
固形スープの素 (チキン)……1/2個
塩・こしょう……各適量
ご飯……1人分 (100〜120g)
パセリ (みじん切り)……小さじ1

[切る]

❶玉ねぎは繊維に沿って薄切りにし、ピーマンはせん切りにする。
❷いかとむきえびは小さめの一口大に切る。

[炒めて煮る]

❸鍋にバターを入れて火にかけ、バターが溶けたら玉ねぎ、ピーマンをザッと炒め、いか、えびも加えて中火で炒める。
❹③に水1/2カップ (分量外) と固形スープの素をくだいて加える。フツフツしてきたらご飯と牛乳を加え、汁けがなくなるまで弱火で10〜15分煮る。
❺塩、こしょうで味を調え、器に盛りつけ、上から温めた残りの牛乳をかけパセリを散らす。スプーンで食べる。

MEMO✚いか、えびはどちらか1種類でもOK。冷やご飯を使うときは、ご飯をいったん水でサッと洗ってから加えると、さらりと仕上がります。ときどき木ベラで鍋底を静かに混ぜますが、あまり混ぜすぎると、ご飯に粘りけが出るので注意。好みで粉チーズをふっても。

めん・パスタ・
パン・中華点心

リクエストがくる
うどん、そば、そうめん、
ひやむぎ、中華めん、ビーフン、春雨、
パスタ、パン、中華点心のレシピ
30点

釜上げうどん

濃口と薄口しょうゆを合わせてぜいたくなめんつゆ

[材料]（1人分）
ゆでうどん……1人分（200g）
水……1カップ
削り節……1袋（4g）
A［薄口しょうゆ大さじ1　しょうゆ小さじ1
　みりん小さじ2～3］
具と薬味例
　┌ゆでえび……2尾
　│かまぼこ……2～3枚
　│錦糸卵……卵1個分（p.236参照）
　│削り節……1/2袋（2g）
　│細ねぎ（小口切り）……1/4カップ
　└大根おろし・いりごま（白）……各適量

めんつゆを作る

❶分量の水を中火にかけ、煮立ってきたら弱火にして削り節を入れ、Aも加えて、再びフツフツするまで煮出す。煮えたらこして、削り節をカレースプーンやおたまでギュッと絞ってめんつゆを作る。

仕上げる

❷好みの具や薬味をきれいに器に盛りつける。
❸中まで温めたうどんにアツアツの湯（分量外）をはる。①のめんつゆを器に入れ、好みで具や薬味を入れて食べる。

カレーうどん

**肉の代わりに油揚げ入り。
これぞ大阪の味**

材料 (1人分)

ゆでうどん……1人分 (160〜200g)
油揚げ……1/2枚
きくらげ (乾) ……小2枚
焼きかまぼこ (薄切り) ……2〜3枚
玉ねぎ……小1/4個
ねぎ……10cm
A [だし1 1/2カップ　カレー粉小さじ1〜2
　塩小さじ1/4　しょうゆ・みりん各大さじ1]
水溶き片栗粉 [片栗粉・水各小さじ2]

切る

❶きくらげはぬるま湯で戻して細切りにする。
❷玉ねぎは繊維に沿って薄切りにする。ねぎは斜め薄切りにする。油揚げは湯で洗って水けを絞り、1cm幅に切る。

煮る

❸鍋にAを合わせて強めの中火にかけ、沸騰してきたら、玉ねぎ、油揚げ、ねぎ、きくらげを加える。再び沸騰したらうどんと焼きかまぼこを加える。
❹4〜5分してうどんが煮えてきたら、先にうどんだけ取り出してどんぶりに盛りつける。汁がフツフツしているところに水溶き片栗粉を加えてとろみをつけ、うどんの上にかける。

MEMO✚これが昔の大阪のカレーうどん。肉ではなくて油揚げが入っているのが特徴なんです。

きつねうどん

大阪生まれの庶民の味

材料 (1人分)

ゆでうどん……1人分 (160〜200g)
油揚げ……1枚
A [だし1/2カップ　しょうゆ大さじ1/2
　砂糖大さじ1/2　みりん小さじ1/2]
B [だし約1 1/2カップ　薄口しょうゆ大さじ1
　みりん大さじ1　酒大さじ1/2　塩少々]
細ねぎまたは九条ねぎ (小口切り)……適量
七味とうがらし……適量

煮る

❶たっぷりの熱湯を沸かし、油揚げを10分ゆでる。水にとって洗い、手のひらにはさんで水けを絞る。
❷鍋にAを入れて火にかけ、沸騰してきたら①の油揚げを入れ、ふたをしてやや弱めの中火で、10分煮含める。

仕上げる

❸鍋にBのだしを入れて強めの中火にかけ、調味料を加えて火を止める。
❹アツアツに温めたうどんの水けをきり、どんぶりに入れて、アツアツの③のつゆをはる。
❺②の「きつね」をのせ、細ねぎを散らし、好みで七味とうがらしをふる。

MEMO✚油揚げは、あらかじめ湯で10分くらい下ゆでしてから、煮汁で煮ると味がよくしみます。料理名の「きつね」の由来は諸説ありますが、昔、農民たちは有益なきつねを神さまと同じような存在として油揚げを供えて祀り、油揚げが好き、というイメージにつながったようです。また、うどんの上にのせた油揚げが、きつねの寝る姿に似ていることから、名付けられたともいわれています。

にしんそば

**甘辛く煮たにしんをのせて。
粉ざんしょうの香りも味の決め手**

[材料] (1人分)

そば（乾）……1人分（80～100g）
生干しにしん……1枚
A［酒大さじ1　しょうゆ大さじ1/2
　みりん・砂糖各小さじ1］
だし……1 3/4カップ（350㎖）
B［しょうゆ・みりん各大さじ1　塩小さじ1/4弱］
細ねぎまたは九条ねぎ（小口切り）……適量
粉ざんしょう……適量

にしんを煮る

❶生干しにしんは熱湯で5～10分下ゆでする。目立つ小骨は取り除く。鍋にAを煮立て、にしんを入れてやわらかくなるまで煮たら、煮汁をよくからませる。そばは袋の表示どおりにゆでる。

仕上げる

❷だしを中火にかけ、沸騰したらBを加え、味を調えて、そばのつゆを作る。

❸②にゆでたそばを入れ、そばが温まったら器にとる。つゆをはり、①のにしんをのせて細ねぎと粉ざんしょうをふる。

MEMO✚にしんを下ゆでするときは、熱湯で表面の色が完全に変わるまでしっかりゆでること。にしんそばは、京都の名物料理の一つです。

めんつゆ(そうめん・うどん用)

たまには本格的に
手作りのめんつゆで

【材料】

昆布……5cm角
水……1 1/4カップ(250mℓ)
削り節……1袋(4g)
みりん……大さじ1
薄口しょうゆ……大さじ2
酒……小さじ1

【作り方】

❶鍋に分量の水と昆布を入れて30分以上おく。一晩おくときは冷蔵庫に。
❷①に残りの材料をすべて加えて火にかける。はじめは強火でフツフツしはじめたらごく弱火にし、ふたはしないで2〜3分煮出す。煮えたらこして、だしがらをおたまでギュッと押さえて絞る。

MEMO✚水に昆布や削り節、しょうゆやみりんなどの調味料まで全部いっしょに入れ、フツフツやさしく煮ます。昔、大阪の家庭ではたいやあじの塩焼きをほぐして薬味とともにつけ汁に入れて食べる「たいそうめん」や「あじそうめん」もよく作られました。なお、そうめん(乾)1人分は80〜100gです。

そうめんのゆで方
1. 大きめの鍋にたっぷりの湯を沸かす。
2. 湯がグラグラ沸騰しているところにそうめんを立てるようにして一度に入れ、菜箸で円を描くようにそうめんを混ぜて沈める。
3. 湯がワーッと沸騰してきたら、すぐに水1/2カップくらい（差し水）を加えて沸騰をしずめる。
4. 再び湯が沸騰してきたら、ふたをして火を止め、30秒〜1分蒸らす。かためにゆでるときは蒸らし時間はなし。ざるにあける。これを冷水につけ、めんを菜箸で混ぜながら何度か水を替える。
5. そうめんが冷たくなったら、めんを手でもみ洗いし、水がきれいになるまで数回水を替えて洗う。

MEMO✚そうめんには塩分や油分が含まれているので、ていねいに洗うことが肝心。洗い方が足りないと、味に大きな差が出ます。また乾めんをゆでるときは、途中で湯が沸騰したら必ず差し水をすること。そうめんなら1回、ひやむぎなら2回、太いうどんなら3回の差し水を。蒸らす時間などメーカーによって異なるので袋の表示も読んでください。

ツルツルめん (はやい)

ひやむぎにネバトロの具をたっぷりのせて

[材料] (1人分)
ひやむぎ (乾) ……1人分 (80〜100g)
オクラ……2〜3本
山芋 (長芋、大和芋、つくね芋など　すりおろす)
　……1/4〜1/2カップ
納豆……小1カップ (30〜35g)
細ねぎ (小口切り) ……1〜2本
もみのり……適量
なめたけ (えのきだけの味つけびん詰) ……大さじ1
めんつゆ (市販品) ……適量
溶きがらし……少々

[下ごしらえ]
❶湯を沸かしオクラをサッとゆで、ざるに上げて水けをきる。薄い輪切りにする。山芋は皮をむき、すりおろす。
❷めんつゆは表示どおりにほどよい味に水で薄めておく。ストレートタイプのめんつゆはそのまま使う。
❸ひやむぎは袋の表示どおりゆでて水でよく洗う。ざるに上げて水けをきり、器に盛る。

[仕上げる]
❹ひやむぎの上に納豆、オクラ、山芋、細ねぎ、もみのり、なめたけをきれいに盛りつけ、溶きがらしをのせる。好みの量のめんつゆをかけて混ぜて食べる。

MEMO✚手作り派はぜひP.254のめんつゆを作ってみてください。

にゅうめん

本格だしで味わうあったか汁そうめん

材料 (1人分)

そうめん……1ワ (50g)
ゆでえび……1尾
焼きかまぼこ (薄切り) ……2枚
生しいたけ……1枚
だし……1 1/2カップ
A [塩小さじ1/4　薄口しょうゆ・みりん各大さじ1/2　酒大さじ1]
細ねぎ……少々
ゆずの皮 (あれば) ……1片
しょうが (すりおろす) ……適量

下ごしらえ

❶生しいたけは石づきを切り落とす。ゆでえびは殻をむく。
❷細ねぎは小口切りにする。ゆずは皮を薄くそぐ。
❸だしを火にかけ、Aを加えて、一煮立ちさせる。
❹そうめんは、表示より少しかためにゆで (p.255参照)、よく水洗いし、水けをきっておく。

仕上げる

❺③のつゆを中火にかけ、フツフツしてきたら、生しいたけ、焼きかまぼこ、ゆでえびを入れる。最後にそうめんを加えてサッと温める。すぐにめんを器に取り出し具を盛りつけ、汁を注ぐ。細ねぎ、季節によってゆずの皮、おろししょうがを添える。

六味おろしそば はやい

**6種類の薬味を
たっぷりのせて**

[材料] (1人分)
そば (乾)……1人分 (80〜100g)
A [めんつゆ (市販品) 1/4カップ　しょうゆ小さじ1弱
　水適量]
薬味
　┌ 大根おろし……1/2カップ
　│ ちりめんじゃこ……大さじ1
　│ 削り節……1/2袋 (2g)
　│ 刻みのり……適量
　│ 細ねぎ (小口切り)……1本
　└ いりごま (白)……大さじ1

[そばをゆでる]

❶そばは袋の表示どおりにゆでる。水洗いしてぬめりをとって冷やし、ざるに上げて水けをきり、器に盛っておく。

[仕上げる]

❷Aを合わせる。めんつゆの味はメーカーによって異なるので、水で薄めて好みの味にする。
❸①のそばに②のめんつゆを注ぎ、それぞれの薬味をのせる。白いりごまは指でひとひねりしてからふると、香りがよくなる。好みでわさびを添えても。

MEMO✢市販のめんつゆは少し甘いので、Aのしょうゆを足すようにする。

焼きそうめん

そうめんは炒めてもうまい!

材料 (1人分)

そうめん……1ワ (約50g)
サラダ油……小さじ2
にんにく……少々
豚薄切り肉……50g
玉ねぎ……小1/4個
塩……小さじ1/4弱
こしょう……少々
なす……小1個 (50g)
桜えび (乾)……大さじ1
しょうゆ……小さじ1/2
青じそ (せん切り)……適量

切る 下ごしらえ

❶にんにくはみじん切り、玉ねぎは繊維に沿って5mm幅の薄切りにする。なすは縦半分に切り、斜めに薄切りにする。
❷豚薄切り肉は2cm幅に切る。
❸そうめんはかためにゆでて (p.255参照) よく水洗いし、水けをきっておく。

炒める

❹フライパンを強めの中火に熱し、サラダ油をなじませ、にんにく、豚肉、玉ねぎの順で炒め、塩、こしょうをふる。なす、桜えびも加えて炒め合わせる。
❺❹に❸のそうめんを加え、中火でサッと炒め、しょうゆを香りづけにふって器に盛り、青じそを散らす。

MEMO✚冬は青じその代わりに細ねぎで。

ソース焼きそば

家庭で作る屋台風焼きそば

[材料] (1人分)

焼きそば用中華めん……1人分
キャベツ……1〜2枚 (100g)
豚薄切り肉……50g
もやし……1/2袋 (100g)
サラダ油……大さじ1
塩・こしょう……各少々
湯……大さじ1〜2
中濃ソース……大さじ1〜2
青のり・紅しょうが……各適量

[切る]

❶キャベツはざく切り、もやしは洗って水けをきっておく。豚薄切り肉は3〜4cm長さに切る。

[炒める]

❷フライパンか中華鍋を熱し、サラダ油大さじ1/2をなじませ、強火で豚肉を炒める。キャベツ、もやし、塩、こしょうの順に加え、ザッザッザッと炒めて、アツアツになったらいったん取り出す。

❸残りのサラダ油大さじ1/2を足してめんを入れ、ほぐれやすいように分量の湯をめんに回し入れてから焼きはじめる。全体がアツアツになったら、炒めた②の具を戻してジャーッとソースを加え、全体を強火で炒める。器に盛りつけ、青のりをふり、紅しょうがを添える。

ねぎラーメン (はやい)

ピリ辛味に炒めた具が
おいしさの決め手！

[材料]（1人分）

即席ラーメン（スープつきのもの）……1袋
豚ひき肉……50g
A［塩少々　豆板醤(トウバンジャン)小さじ1/4～1/2］
ねぎ……1/2本（50g）
きゅうり……小1本（100g）
ごま油……小さじ1

具を作る

❶きゅうりは斜め薄切りにしてから細切りにする。ねぎは斜め薄切りにする。
❷フライパンか中華鍋を熱してごま油をなじませ、中火で豚ひき肉をほぐしながら炒める。すぐにAを加えてよく混ぜる。
❸強火にしてきゅうり、ねぎの順に加えてザッと炒める。きゅうりの色があざやかな緑色に変わったら、火を止める。

仕上げる

❹ラーメンは袋の表示どおりに作り、スープは表示の分量よりやや薄味にしてどんぶりに盛り、アツアツの③をのせる。

MEMO✚ねぎの種類はいろいろありますが、このレシピは長ねぎがピッタリ。

冷やし中華

めんのシコッとした歯ごたえは、氷水で洗うのがコツ

[材料]（1人分）
中華めん（生）……1人分（100〜130g）
もやし……50〜100g
塩……少々
錦糸卵……卵1個分（p.236参照）
きゅうり……1/2〜1本
ハム……2枚
A［米酢大さじ1〜1 1/2　しょうゆ大さじ1 1/2
　砂糖大さじ1/2〜1　ごま油小さじ1/4］
薬味［紅しょうが・いりごま（白）・溶きがらし各適量］

下ごしらえ

❶もやしは湯を沸かし、塩少々加え塩ゆでし、水けをきって冷ます。きゅうりは斜め薄切りにしてから細切りにする。ハムも細切りにする。錦糸卵を作る。
❷Aを合わせてたれを作る。

仕上げる

❸たっぷりの熱湯で中華めんを表示どおりにゆで、よく水洗いして冷ます。最後に氷水で洗って、キリリと冷やしてめんをキュッとしめ、水けをきる。
❹器にめんを盛り、もやし、錦糸卵、きゅうり、ハムをのせ、薬味の紅しょうが、溶きがらしを添え、白いりごまを散らし、好みの量の②のたれをかける。

汁ビーフン

**鶏手羽先でとった
アツアツのチキンスープが絶品！**

[材料]（1人分）

ビーフン（乾）……60〜70g
赤とうがらし（ヘタと種を除く）……1/2本
チキンスープ［鶏手羽先2本　水2 1/2カップ］
A［酒大さじ1　塩小さじ1/2　薄口しょうゆ小さじ1/4］
薬味
　┌にんにく（すりおろす）……小さじ1/4
　│しょうが（すりおろす）……小さじ1/4〜1/2
　│細ねぎ（小口切り）……2本
　└いりごま（白）……小さじ1

スープをとる

❶チキンスープを作る。湯を沸かし、鶏手羽先をサッとゆでて取り出す。鍋に分量の水を入れて煮立て、先の手羽先と赤とうがらしを加える。ふたをして弱火でコトコト静かに煮立つ火加減で40〜45分ほど煮出す。途中出たアクはすくい取る。

仕上げる

❷ビーフンは袋の表示に合わせて、少しかために戻し、水で洗う。薬味を用意する。
❸①のスープの手羽先を除いて火にかけ、Aで味を調える。フツフツしてきたら②のビーフンを入れて温め、器にスープごと盛りつける。薬味を入れて食べる。

MEMO✚スープに使っただしがらの鶏肉は骨を抜いて酢じょうゆで食べるとおいしい。

春雨のゴールデンヌードル

**具だくさんの炒め春雨。
カレー風味がうまい**

[材料]（1人分）

緑豆春雨（乾）……50g
しょうが（皮つきのままぜん切り）……小さじ1
玉ねぎ……1/4個
干ししいたけ……小1〜2枚
小えび……25〜30g
ししとうがらし…2〜3本
かまぼこ（薄切り）……2〜3枚
A［薄口しょうゆ小さじ1　カレー粉小さじ1/2〜1
　塩小さじ1/4　こしょう少々］
ごま油……小さじ2
パクチーまたは三つ葉……適量

[切る 下ごしらえ]

❶干ししいたけは水かぬるま湯で戻してせん切りにする。
❷春雨は袋の表示どおりかために戻す。
❸玉ねぎは繊維に沿って薄切りにする。かまぼこは細切りにする。ししとうがらしはヘタを取り、縦半分に切る。小えびは背わたを取る。

[炒める]

❹フライパンか中華鍋を強めの中火に熱しごま油小さじ1をなじませ、しょうが、玉ねぎ、干ししいたけを入れてザッと炒め、小えび、ししとうがらし、かまぼこの順に加えてさらに炒める。Aで調味し、いったん取り出す。
❺❹のあいた鍋にごま油小さじ1を足して❷の春雨をサッと炒め、❹の具を戻し入れ、全体をザッと炒め合わせる。器に盛り、好みで刻んだパクチーまたは三つ葉を散らす。

MEMO✚あれば薄口しょうゆの代わりにナンプラーを使うとエスニック風の味に仕上がります。

焼きビーフン

**豚肉と野菜をたっぷり
入れるとまたおいしい**

[材料]（1人分）
ビーフン（乾）……70～80g
豚薄切り肉……50g
玉ねぎ……1/4個（50g）
ピーマン……1個（40g）
サラダ油……大さじ1
熱湯……1/2カップ
しょうゆ……大さじ1/2
紅しょうが（せん切り）……小さじ1

切る 下ごしらえ

❶玉ねぎは繊維に沿って薄切り、ピーマンは細切りにする。
❷豚薄切り肉は2～3cm長さに切る。
❸ビーフンは袋の表示どおりに戻し、水で洗う。

炒める

❹サラダ油で豚肉を炒め、しょうゆ小さじ1（分量外）を加えてサッと炒めたら玉ねぎ、ピーマンの順に加えて炒める。野菜がしんなりしたら、③のビーフン、分量の熱湯、しょうゆを加えて汁けがなくなるまで炒め、紅しょうがを加え混ぜる。

MEMO✚豚肉はロース、肩ロース、バラなどお好きな部位を。

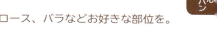

簡単ラザニア

ソースはトマトの水煮を煮詰めるだけ

[材料] (1人分)
トマトの水煮缶詰……1/4缶 (100g)
ケチャップ……大さじ1
牛ひき肉……100g
にんにく (みじん切り) ……少々
オリーブ油……大さじ1
A [塩・砂糖各小さじ1/4　こしょう少々
　ベイリーフ1/4枚　オレガノ・バジル各少々]
ラザニア (乾) ……3枚 (60g)
溶けるチーズ……1/3カップ

[下ごしらえ]

❶ トマトの水煮とケチャップを合わせて半量くらいになるまで煮詰め、ソースを作る。
❷ フライパンを熱してオリーブ油をなじませ、牛ひき肉とにんにくを炒め、Aを加えて混ぜる。
❸ 湯を沸かしラザニアは、商品の表示どおりにゆでておく。

[焼く]

❹ 耐熱容器をザッと水でぬらし、①のソースを適量ひき、ラザニア、②、溶けるチーズの順に繰り返して重ね、最後はソース、チーズと重ねて終える。これを200℃のオーブンで20～25分焼く。

MEMO✤作り方をものすごく簡単にした、あっさり味のラザニアです。その昔、メキシコ人の友人から教わりました。溶けるチーズの半量は、好みでカッテージチーズやモッツァレッラチーズ、チェダーチーズにしても美味。

スパゲティミートソース

玉ねぎ抜きだから、手間いらずにできる

材料 (1人分)
スパゲティ（乾）……80〜100g
牛ひき肉……100g
にんにく（みじん切り）……少々
サラダ油……小さじ1
小麦粉……大さじ1/2
マッシュルームの水煮缶詰（スライス）……小1/2缶
A［トマトジュース3/4カップ　水1/4カップ　マッシュルーム缶詰の汁1/2缶分　砂糖・塩各小さじ1/2　固形スープの素1/2個　ベイリーフ1/4枚　こしょう・オレガノまたはバジル各少々］

炒めて煮る

❶フライパンを熱してサラダ油をなじませ、牛ひき肉とにんにくを強めの中火で炒め、肉の色が変わったら小麦粉をふり入れ、弱めの中火にして粉っぽさがなくなるまで2〜3分炒める。鍋底にくっついても大丈夫。

❷①にマッシュルームを入れてサッと炒め、火を止めてAを加える。木ベラで鍋底をこするように混ぜて、ふたをして煮る。煮立ったら弱火にし、30分ときどき鍋底を混ぜながら煮る。

仕上げる

❸スパゲティを袋の表示どおりにゆで、水けをきって器に盛り、②のミートソースをかける。好みで粉チーズやタバスコをふってもおいしい。

MEMO✚スパゲティはゆでたあと、めんがくっついてしまったら、ゆで汁を少しかけてほぐしたり、アツアツのうちにオリーブ油やサラダ油、バターなどをからめておいてもいいです。

マカロニグラタン (ゆったり)

ホワイトソースのだまができない作り方

材料 (1人分)

マカロニ (乾) ……50g
塩……適量
鶏ささ身……1本 (50〜100g)
マッシュルームの水煮缶詰 (スライス) ……小1/2缶
A [バター小さじ2　小麦粉大さじ1　牛乳3/4カップ
　　鶏肉のゆで汁1/4カップ　塩小さじ1/4弱
　　こしょう少々]
粉チーズ・パン粉……各大さじ1
バター……小さじ1〜2

下ごしらえ

❶マカロニはたっぷりの湯に塩を少し加えてほどよいかたさにゆでる。
❷鶏ささ身は、小さく切って、塩を少し加えた1/2カップの湯でゆでる。ゆで汁は1/4カップ取っておく。

ソースを作ってあえる

❸厚手の鍋にAのバターを入れて中火にかけ、鶏肉と汁けをきったマッシュルームを炒める。ごく弱火にして小麦粉を加え、粉っぽさがなくなるまで2〜3分炒め、一度火を止める。
❹③に冷たい牛乳を少しずつ注ぎながら混ぜ、②のゆで汁も加えて中火にかけ、ゴムベラで混ぜる。
❺再び中火にかけ、フツフツしたらごく弱火にして10分ほど煮て塩、こしょうで味を調える。ときどき鍋底を混ぜ、焦げないように。ソースができたら①のマカロニをあえる。ちょっとソースがかためなら牛乳 (分量外) を足して調節する。

焼く

❻耐熱容器の中を水でぬらし、⑤を入れ、粉チーズとパン粉をふり、バターを少しずつ数ヵ所に置く。オーブンに入れ、230℃にセットして10〜20分、こんがり焼き色がつき全体がフツフツするまで焼く。

マカロニサラダ

ゆで卵や野菜やハムを たっぷり混ぜて

[材料] (1人分)
マカロニ（乾）……50g
塩……適量
ゆで卵……1個
ハム……1～2枚
きゅうり……1/2本（50g）
にんじん……1cm
玉ねぎ……1/8個
A［マヨネーズ大さじ2　マスタード小さじ1/2
　塩2つまみ　こしょう少々］

切る 下ごしらえ

❶きゅうりは薄い輪切りにする。にんじんはせん切り、玉ねぎは薄切りにする。ハムは半分に切って7～8mm幅に切る。
❷ゆで卵はフォークの背などで粗くほぐす。
❸マカロニは塩を加えたっぷりの熱湯で袋の表示どおりゆで、水けをきる。

あえる

❹ボウルにマカロニ、玉ねぎ、にんじん、きゅうり、ハム、ゆで卵を入れ、Aを加えてあえる。

MEMO✚急ぐときは、短時間でゆで上がるインスタントマカロニも便利です。ハムの代わりにかにかまぼこやゆで鶏を使っても美味。弁当箱にレタスを敷いてマカロニサラダを詰め、クラッカーやプロセスチーズを持っていくと、お弁当にも。

ペペロンチーノ (はやい)

にんにくと赤とうがらしの
シンプルパスタ

[材料]（1人分）
スパゲティ（乾）……80g
オリーブ油……大さじ1
にんにく……1かけ
赤とうがらし（ヘタと種を除く）……2本
A［スパゲティのゆで汁大さじ2強　塩小さじ1/4
　こしょう少々］

[下ごしらえ]
❶スパゲティを袋の表示どおりにゆでる。赤とうがらしは二つにちぎる。
❷にんにくは繊維を断つように薄切りにする。

[炒める]
❸フライパンにオリーブ油、にんにく、赤とうがらしを入れて火にかけ、弱火でゆっくり炒め、十分に香りを出す。
❹にんにくがうっすらきつね色になってきたら、ゆでたてのスパゲティとAをすぐに加え、サッと混ぜたら、火を止める。好みで粉チーズをふってもよい。

MEMO✚にんにく、赤とうがらしが香りよく炒まったときに、ちょうどスパゲティがゆで上がるのが理想的。にんにくや赤とうがらしが風味よく炒まるまでには弱火で5分くらいかかるので、その時間を見計らいながらスパゲティをゆではじめましょう。正式にはアーリオ・オリオ・ペペロンチーノといいます。アーリオはにんにくのこと。オリオはオリーブオイル、ペペロンチーノは赤とうがらしのこと。イタリア料理店がふえ、現在はすっかり定番のメニューになりました。

ホットドッグ (はやい)

とびきりシンプルなのが アメリカ風

[材料]（1人分）
ドッグ用パン……1個
ロングウインナソーセージ……1本
ピクルス・玉ねぎ（各みじん切り）……各大さじ1
ケチャップ・マスタード……各適量

[下ごしらえ]
❶ドッグ用パンは縦に切り目を入れ、焦がさないように軽くトーストする。
❷ウインナソーセージはこんがり焼くか少なめの湯でゆでる。

[はさむ]
❸パンにソーセージをはさみ、ピクルスや玉ねぎをはさむ。好みでケチャップ、マスタードをかける。

ガーリックトースト

スープやワインに添えて

[材料]

バゲット（好みの厚さに切る）または食パン……適量
バター……適量
にんにく……適量

[作り方]

❶ トーストしたてのアツアツのフランスパンや食パンの片面にバターを塗る。そこに、にんにくの二つに切った面（切り口）をジャジャジャジャッとこすりつけてでき上がり。

MEMO✚ ガーリックトーストのもう一つの作り方は、パンににんにくの切り口をこすりつけてバターを塗りトーストする方法。残ったにんにくはスープや炒め物に使いましょう。

カリフォルニアサンド

アボカド、チキン、ベーコン、野菜と具をたっぷり

[材料]（1人分）

イギリスパンまたは好みのパン……2枚
　バター・マスタード……各適量
鶏むね肉（ゆでたもの）……1/4枚（P.134参照）
ベーコン……2枚
紫玉ねぎ（薄い輪切り）……1〜2枚
トマト（輪切り）……2枚
きゅうり……1/2本
アボカド……1/2個
レモン汁……少々
その他、ハム、スライスチーズ、サラダ菜、レタスなど、お好みで……各適量

切る 下ごしらえ

❶紫玉ねぎは薄い輪切りにする。トマトは6～7mm厚さの輪切りにする。きゅうりは縦に薄切りにする。
❷イギリスパンの片面にやわらかくしたバターとマスタードをぬる。
❸ゆでた鶏むね肉は薄切りにする。ベーコンは温めたフライパンに油少々（分量外）を入れ、弱めの中火でカリッとなるまで焼き、紙タオルなどで余分な脂をとる。
❹アボカドは縦二つに切って種を取り、皮をむいて薄切りにしてレモン汁少々をからませる。

はさむ

❺②のパンに①、③、④のそれぞれの具をのせ、サンドする。左右2ヵ所にようじを下まで刺し固定させてから、まん中を半分に切る。

MEMO✚ ここで、鶏むね肉のゆで方をご紹介。鶏肉は塩小さじ1/2を入れた2カップの熱湯でふたをして中までしっかりとゆで、粗熱が取れたら薄切りにします。最近は鶏むね肉のゆでたものが市販されていますので、それを使っても簡単。

クラブハウスサンド

鶏肉で作るボリュームサンド

[材料]（1人分）
食パンまたはイギリスパン……2枚
　バター・マスタード……各適量
鶏むね肉……1/2枚
塩・こしょう……各少々
ベーコン……2枚
レタス……2枚
トマト……1/2個
きゅうり……1/2本

切る 下ごしらえ

❶トマトは6〜7mm厚さの輪切りにして種を取り除く。きゅうりは縦に薄切りにする。

❷鶏むね肉は塩、こしょうを全体にふる。フライパンを中火にかけ、温まったらサラダ油少々（分量外）をなじませ、ふたをして両面をしっかり焼く。粗熱が取れたらそぎ切りにする。ベーコンは焼く。

❸食パンまたはイギリスパンはトーストして片面にバター、マスタードを塗る。

はさむ

❹③のパンにレタス、鶏肉、ベーコン、トマト、きゅうりと重ね、もう1枚のパンでしっかりサンドする。

❺2本のようじを間隔をあけてサンドイッチの左右に下まで刺し固定させてから、半分に切り分けるとくずれにくい。

MEMO✚鶏肉は焼く30分前に室温に出しておくこと。冷蔵庫から出したてを焼くと、火の通りが悪く、外側だけ焼きすぎになります。

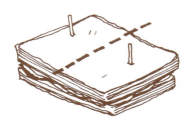

サンドしたパンは、
ようじを刺してから切る

三色サンドイッチ

卵、ほうれんそう、ハムのトリオサンド

[材料]（2人分）
食パン（サンドイッチ用／12枚切り）……6枚
　バター・マスタード……各適量
ゆで卵……1個
A［マヨネーズ大さじ1　塩少々］
ほうれんそう……1/2ワ（100g）
サラダ油……少々
塩・こしょう……各少々
マヨネーズ……大さじ1
ロースハム（半分に切る）……2枚
スライスチーズ……1枚
焼きのり……1/4枚

[下ごしらえ]

❶ゆで卵は殻をむいてボウルに入れ、フォークで粗くつぶす。冷めたらAを加えてあえる。

❷ほうれんそうはゆでて水にさらし、かたく絞って細かく刻む。フライパンを強めの中火にかけサラダ油をなじませ、ほうれんそうを炒める。塩、こしょうで味を調え器にとって冷めたらマヨネーズであえる。

❸食パンの片面にバターをぬり、そのうちの半量はマスタードをぬる。清潔なぬれぶきんをかけておく。

[はさむ]

❹2枚のパンの間に①の卵をはさみ、食べやすく二つ〜三つに切る。

❺②のほうれんそうも④と同様に2枚のパンにはさみ、食べやすく二つ〜三つに切る。

❻残りの2枚はパンの間にロースハム、スライスチーズ、焼きのりをはさみ、食べやすく二つ〜三つに切る。

MEMO✚耳なしが好きな人は耳を先にカットします。

ピザトースト

6種の具をのせ、栄養も満点

[材料]（1人分）
食パン（厚切り／5枚切り）……1枚
あさりの水煮缶詰……1/4缶
ハム……1枚
生しいたけ……1枚
玉ねぎ……1/8個
ピーマン……小1個
ミニトマト……2個
溶けるチーズ……1/4カップくらい
オリーブ油……小さじ1/2
ケチャップ……適量

[切る]

❶生しいたけは石づきを切り落として薄切り、玉ねぎは繊維に沿って薄切りにする。ピーマンは薄い輪切りにする。ミニトマトはヘタを取って二つ切りにする。ハムは半分に切って1cm幅に切る。あさりの水煮は水けをきる。

[焼く]

❷食パンは軽くトーストし、焼き目のついたほうにオリーブ油、ケチャップを順に重ねぬる。
❸あさり、ハム、生しいたけ、玉ねぎ、ピーマン、トマトの材料を②のパンに均一に散らし、上に溶けるチーズを重ねる。
❹オーブントースターに入れ、チーズが溶けるまで焼けばでき上がり。

MEMO✚あればオレガノ、バジルなどをケチャップの上にパラリとふると、とても本格的な味になります。残りのあさりは冷凍してもよいし、スープやみそ汁に加えても美味。

春巻き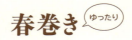

冷めても皮はパリッパリ

[材料]（作りやすい分量）
豚薄切り肉……100g
A［しょうゆ・片栗粉各小さじ1］
しょうが……1かけ
干ししいたけ……3枚
にんじん……3cm（30g）
ゆでたけのこ……50g
もやし……1/2袋（100g）
ピーマン……1個（40g）
にら……1/2ワ（50g）
春雨……10g
サラダ油……大さじ1
B［しょうゆ・酒各大さじ1　水1/4カップ］
水溶き片栗粉［片栗粉・水各大さじ1］
春巻きの皮……1袋（10枚）
揚げ油……適量
溶きがらし・酢・しょうゆ……各適量

[下ごしらえ 切る]

❶干ししいたけは水かぬるま湯で戻して薄切りにする。
❷春雨はボウルに入れたっぷりの熱湯で戻して水洗いし、2〜3cm長さに切る。
❸しょうが、にんじん、ゆでたけのこ、ピーマンはせん切りにする。にらは1cm長さに切る。
❹豚肉は細切りにしてAを順にからめる。

[具を作る]

❺フライパンか中華鍋を火にかけ十分温まったらサラダ油をなじませ、④の肉としょうがを強めの火で炒める。肉の色が変わったら、干ししいたけ、にんじん、ゆでたけのこ、もやし、ピーマンの順に加えて炒め、Bを回し入れる。

❻煮立ったらにらを加え、水溶き片栗粉を回し入れて強火で混ぜ、春雨を混ぜ合わせたら火を止める。バットなどに広げて冷ます。

包んで揚げる

❼⑥を10等分し、春巻きの皮で包み、巻き終わりに水溶き小麦粉（分量外）をつけてしっかり止める。

❽揚げ油を低めの温度（150〜160℃）に熱し、⑦の巻き終わりを下にして入れる。色があまりつかないうちに一度裏返し、油を中温（170℃）にしてじっくりきつね色になるまで揚げる。からし酢じょうゆをつけて食べる。

MEMO✚パリッとした春巻きを作るコツは二つ。中の具を十分に冷ましてから皮に巻くこと。150〜160℃の低温の油でじっくりゆっくり揚げる。水溶き小麦粉は皮をくっつけるのりになります。小麦粉大さじ1、水大さじ1をよく混ぜて使います。

焼きギョーザ

しっかり水分をとばすと
パリッと焼ける

[材料] (作りやすい分量)

キャベツ……1/8個 (150g)
にら……1/2ワ (50g)
にんにく……1かけ
片栗粉……大さじ1
A [豚ひき肉200g　しょうゆ大さじ1
　ごま油・水各小さじ2]
ギョーザの皮 (大判)……1袋 (20枚)
サラダ油……適量
しょうゆ・酢・ラー油……各適量

[下ごしらえ]

❶キャベツは鍋に入れ水1/2カップ (分量外) 加えてふたをして中火にかける。5〜10分ゆでて冷まし、粗みじん切りにして水けを絞り、ボウルに入れる。
❷にらは細かく刻み、にんにくはみじん切りにして①に入れ、片栗粉を加えて混ぜる。
❸別のボウルにAをよく混ぜ、②を加えて混ぜ合わせる。

[包んで焼く]

❹ギョーザの皮の縁を水でぬらし③の肉ダネをのせ、片方はひだをとって包む。
❺フライパンをよく熱してサラダ油をなじませ、火を弱めてからギョーザを並べる。底に少し焼き色がついたら、ギョーザの高さの半分くらいまで湯 (分量外) を加え、ふたをして強火で蒸し焼きにする。
❻湯がなくなりかけたら弱火にし、ふたをしたままパリッと焼き色がつくまで焼き、フライ返しを脇から差し込んで器にとる。しょうゆ、酢、ラー油を好みで合わせてつけて食べる。ポン酢で食べるのもおいしい。

MEMO♣ギョーザはポイントさえちゃんと押さえれば、うまく焼けるんです。鉄のフライパンはよ〜く熱しておくこと。そして油をなじませたら、火を弱めギョーザを並べ、弱火でやさしい焼き色をつけます。次にお湯を注いで強火で蒸し焼き（水ははねるのでお湯を）にしますが、ここからは焼ける音に注意！ジュクジュクの音が小さくなってきたら湯がなくなってきた合図。ここで弱火でしばらく焼くと、音がパチパチに変わり、水分がすっかりとぶとプチプチと静かになってきます。ここまで焼けばOK。

ゆでギョーザ

ザーサイを混ぜ込んで
ピリッと四川風に

[材料]（作りやすい分量）

ザーサイ……ピンポン玉大1個（20g）
ねぎ（みじん切り）……1本
片栗粉……大さじ1
A［豚ひき肉200g　ごま油・しょうゆ各小さじ1
　水小さじ2　こしょう少々］
ギョーザの皮（厚手）……1袋（20枚）
B［酢・酒・しょうゆ各大さじ2　ラー油小さじ1/2］
薬味［ねぎ・にんにく（各みじん切り）各適量］

肉ダネを作る

❶ザーサイは10分ほど水にさらして塩抜きをしてから、みじん切りにする。
❷ボウルにザーサイとねぎを入れ片栗粉をふって箸で混ぜる。
❸別のボウルでAの材料をよく混ぜて、②を加えて混ぜる。

包んでゆでる

❹ギョーザの皮の縁を水でぬらし③の肉ダネを適量のせて包み、しっかり閉じる。
❺熱湯で④をゆで、水けをきって器に盛りつける。Bのたれを作り、ねぎとにんにくを薬味にして合わせたたれで食べる。

MEMO✚ギョーザに使う酢は、黒酢も味が深いです。

シューマイ

下に敷いた白菜も
残らず食べましょう

[材料]（作りやすい分量）
A［豚ひき肉300g　塩小さじ1　ごま油小さじ1/2
　こしょう少々　水大さじ2］
B［玉ねぎ（みじん切り）大1/2個分　片栗粉大さじ4］
シューマイの皮……1袋（25〜30枚）
白菜またはキャベツ……適量
溶きがらし・酢・しょうゆ……各適量

[下ごしらえ]
❶ボウルを二つ用意し、一つにはBを入れて箸で混ぜ合わせる。もう一つにはAを合わせて手でよく混ぜる。
❷AとBをよく混ぜる。

[包んで蒸す]
❸②の肉ダネをシューマイの皮に包む。
❹せいろに白菜またはキャベツを敷き、③のシューマイを並べる。鍋にたっぷりの湯を沸かし、蒸気が上がったところにせいろを重ね、ふたをしてふきんをかませずに強火で15分ほど蒸す。1回で蒸せないときは2〜3回に分けて。湯が少ないと蒸気が足りず火の通りが遅くなるので湯の量に気をつける。
❺からし酢じょうゆで白菜またはキャベツも同様に食べる。

MEMO✚多めにできたシューマイはすべて蒸して、粗熱が取れたら冷蔵か冷凍で保存を。冷蔵なら1〜2日、冷凍なら約1ヵ月ほど。あと一品というときやお弁当のおかずにも、おいしい作り置きになります。

汁・スープ料理

味の基本となるだし、
そして味自慢のみそ汁、吸い物、
その他の和風汁物、
スープのレシピ

31点

昆布かつおだし

煮物から吸い物まで使える最上級のだし

[材料]

水……2 1/2カップ
昆布……5cm角
削り節（かつお）……1つかみ（5〜7g）
※濃いめのだしにする場合、削り節は10gにする。

[作り方]

❶昆布は表面を水でサッと洗い、分量の水に30分以上つけておく。
❷①を鍋に移して中火にかけ、フツフツしてきたら昆布を引き上げ、削り節（かつお）を入れる。
❸ごく弱火にして1分ほど煮て、こす。だしがらをおたまやカレースプーンでギュッと絞る。

MEMO✚ 和風の煮物や吸い物全般に使われる最上級のだし。わかめを具にした料理以外、なんにでも合います。具がわかめなど海藻のときは昆布は必要ありません。

削り節だし

あらゆる料理にも使える万能だし

[材料]

水……2 1/2カップ
削り節……1つかみ（5〜7g）

[作り方]

❶鍋に分量の水を入れて火にかけ、煮立ったら、削り節を入れたこし器を鍋に入れる。
❷弱火で1分ほど煮出して火を止め、こし器を鍋から上げる。このとき、おたまでだしがらをこし器にギュッと押しつけて絞る。

MEMO✚ より簡単にだしをとるのは、削り節を入れたこし器を直接鍋に入れる方法です。余裕があれば、「昆布かつおだし」の方法だともっとコクが出ます。汁物、煮物全般に向く利用範囲の広いだしです。削り節にはかつお節だけでなく、あじ節やさば節、またはそれらを混ぜた混合節などもあるので、いろいろ試して料理によって好みのだしを見つけてください。また家庭では「だしをとる」という言い方が主流ですが、日本料理の世界では「だしをひく」とも言います。

煮干しだし

いつものみそ汁や具だくさんの汁物に

[材料]

水……3カップ
煮干し……4～5尾（3g）

[作り方]

❶煮干しの頭とはらわたを取る。
❷鍋に分量の水を入れ、①の煮干しを加えて15～30分おく。やや弱めの中火にして10分ほど煮出して、網じゃくしなどで煮干しをすくい、水けをしっかりきる。

MEMO✚ 素朴な味わいと、コクがあります。上品な京風の白みそを使った汁物などには向きませんが、気取らない汁物や煮物、じゃが芋と玉ねぎのみそ汁にもぴったり。煮干しはよく乾燥して、脂ぎっていない良質のものを選ぶこと。頭とはらわたを取り除くのは、生臭みをとるためですが、急ぐときはそのままでもかまいません。火にかける前に煮干しをしばらく水につけておくと、いっそうよくだしが出ます。冬なら、一晩冷蔵庫においてもOKです。

あさりのみそ汁

**貝のみそ汁はだしいらず
だから簡単**

「材料」

あさり(砂出ししたもの)……100g
塩……適量
水……2カップ
みそ……大さじ1〜2
こしょう……少々

「作り方」

❶あさりは海水よりやや薄めの塩水に、ヒタヒタにつけておく。殻と殻とをこすり合わせてよく水洗いして塩けを抜く。
❷鍋に分量の水とあさりを入れ強めの中火にかける。アクが出たら、取り除く。貝の口が開いたら、みそを溶かし入れ、フツフツしてきたら火を止める。
❸椀(わん)によそい、こしょうをふりかける。

MEMO✚ 砂出ししてあるあさりを買ってきても、もう一度十分に砂出ししましょう。海水よりもやや薄めの塩水につけておきます。殻に汚れがついていると、味が悪くなるので、殻と殻とをそっとこすり合わせて表面をよく洗い何度も水を替えます。貝自体からいい味が出るので、だしはいりません。貝のみそ汁にはこしょうがぴったり。貝の泥臭さをこしょうがパッと消してくれます。

魚のあらのみそ汁

**あらは熱湯で
さっとゆでてから使う**

[材料]

魚のあら……100g
水……2カップ
大根……2cm
しょうが(皮つきの薄切り)……1枚
みそ……大さじ1強

[下ごしらえ]

❶大根は3mmくらいの薄いいちょう切りにする。
❷熱湯に魚のあらを入れてゆで、表面が白くなったら、引き上げておく。

[煮る]

❸鍋に分量の水と大根を入れて火にかけ、煮立ったら②のあらとしょうがを加えて、弱めの中火でコトコト15分くらい煮る。
❹大根がやわらかくなってきたら、みそを溶き入れ、フツフツしてきたら火を止めて、椀によそう。

新キャベツと油揚げのみそ汁

**甘くてやわらかい新キャベツは
煮すぎないのがポイント**

[材料]
キャベツ……1〜2枚（100g）
油揚げ……小1/2枚
だし……2カップ
みそ……大さじ1〜2

[切る]
❶キャベツは一口大に切る。油揚げはサッと湯で洗って、水けを絞り、縦二つに切ってから1cmくらいの細切りにする。

[煮る]
❷鍋にだしを入れて強めの中火にかけ、キャベツと油揚げを入れ3〜4分煮る。
❸火を弱めて、みそを溶き入れ、フツフツ煮立ってきたら火を止めて、椀によそう。

大根のみそ汁

大根の具にはどんなみそもよく合う

[材料]
大根……2cm
だし……2カップ
みそ……大さじ1〜2

[切る]
❶大根は薄い輪切りにしてから、細切りにする。

[煮る]
❷鍋にだしを煮立て、①の大根を入れてふたをして弱火で煮る。大根がやわらかく煮えたらみそを溶き入れ、再び煮立ったら火を止めて、椀によそう。

MEMO✚大根はいちょう切り、短冊切り、拍子木切りなどにしてもよい。切り方によって味が違ってきます。

豆腐のみそ汁 (はやい)

みそは豆腐を入れる前に溶くのがコツ

[材料]
豆腐……1/4丁（100g）
だし……2カップ
みそ……大さじ1～2
ねぎ……適量

[下ごしらえ]
❶豆腐はボウルに水を入れてザボッと水洗いし、1cm角のさいころ状に切る。ねぎは小口切りにする。

[煮る]
❷鍋にだしを入れて中火にかけ、煮立ったらグンと弱火にして、みそを溶き入れる。すぐに豆腐を加え、豆腐が温まったら火をすぐに止める。
❸椀によそい、ねぎを入れる。

MEMO✚豆腐のみそ汁は、みそを入れるタイミングがほかと違い、みそを溶き入れてから豆腐を加える、そしてひと煮すれば、でき上がりです。薬味は三ツ葉でも美味。

わかめのみそ汁 (はやい)

わかめは煮すぎると
とろけるので注意!

[材料]

わかめ(塩蔵)……1/4カップ
だし……2カップ
みそ……大さじ1〜2
細ねぎ……2本

[下ごしらえ]

❶わかめはよく水洗いする。水を数回替えて塩分を十分落とす。2cm長さに切る。細ねぎは2cm長さに切る。

[煮る]

❷だしを煮立てて①のわかめを加え、わかめがパーッときれいな色に変わったら、すぐにみそを溶いて火を止める。
❸椀によそい、細ねぎを散らす。

えびの吸い物

上等な吸い物には、
昆布と削り節でとっただしを

[材料]

ゆでえび……2尾
しめじ……1/4パック
かまぼこ(1cm厚さ)……2枚
だし……2カップ(昆布かつおだしの項 p.286参照)
A [酒大さじ1/2　塩小さじ1/4　しょうゆ小さじ1/2]
三つ葉……少々
ゆずの皮(あれば)……2片

[下ごしらえ]

❶しめじは石づきを切り落とし、小房に分ける。三つ葉は2cm長さに切る。ゆでえびは殻を取る。

[煮る]

❷だしを強めの中火にかけ、しめじ、ゆでえび、かまぼこを入れて煮立ってきたら火を弱め、Aで調える。味をみて足りなければ、塩少々(分量外)を足す。
❸椀によそい、三つ葉を散らす。季節によってはゆずの皮をひらりとのせる。

MEMO✤ごく上等な吸い物のだしは、昆布と削り節で。削り節はかつおだけのものを使います。

オクラの吸い物 (はやい)

初夏に食べたいさわやかな汁物

[材料]
オクラ……4〜5本
しょうが汁……小さじ1/2
だし……2カップ
A [塩小さじ1/4　酒大さじ1/2　薄口しょうゆ小さじ1/2]

[切る]
❶オクラはヘタを切り落とし、薄い小口切りにする。

[煮る]
❷鍋にだしを入れて強めの中火にかける。フツフツしてきたら、Aを入れて味を調え①のオクラとしょうが汁を加える。煮立ったら、火を止める。

はまぐりの吸い物

貝の吸い物にはこしょうがよく合う!

[材料]
はまぐり……4〜6個(100g)
塩……少々
水またはだし……2カップ
A [酒大さじ1/2　塩小さじ1/4　薄口しょうゆ小さじ1/2]
こしょう……少々

[下ごしらえ]
❶はまぐりは海水くらいの塩水(水3カップ 塩大さじ1)にヒタヒタにつけて1〜2時間おき、砂出しをして、殻をよく水洗いする。

[煮る]
❷鍋に水またはだしと①の砂出ししたはまぐりを入れ、火にかける。途中アクが出たら、取り除く。
❸はまぐりの口が開いたら、Aで味を調える。
❹椀によそい、こしょうをふる。

MEMO✚だしを使う場合は、昆布だしもよく合います。

麩の吸い物

三つ葉やゆずの香りを添えて

[材料]
麩（金沢麩など）……適量
だし……2カップ
A［酒大さじ1/2　塩小さじ1/4　しょうゆ小さじ1/2］
三つ葉……適量
ゆずの皮（あれば）……2片

[下ごしらえ]
❶麩は袋の表示どおりに水またはぬるま湯に浸してやわらかく戻し、水けを絞る。三つ葉は1cm長さに切る。

[煮る]
❷鍋にだしを煮立て、Aで味を調え、①の麩を入れる。再び沸騰したらすぐ火を止める。
❸椀によそい、三つ葉を散らす。ゆずの季節には皮をのせる。

雲片汁
うんぺんじる

薄いすいとんは雲のようにひらひら落とす

[材料]
しめじ……1/2パック
油揚げ……1/2枚
水溶き片栗粉[片栗粉・水各小さじ2]
A[小麦粉1/2カップ　水1/3カップ]
だし……3カップ
B[塩・しょうゆ各小さじ1/2　酒大さじ1/2]
細ねぎ……2〜3本
しょうが(すりおろす)……少々

[切る　下ごしらえ]
❶しめじは石づきを切り落として小房にほぐす。細ねぎは小口切りにする。油揚げは湯で洗って、水けを絞って1cm幅に切る。
❷水溶き片栗粉を溶いておく。Aのやわらか〜いすいとんダネは、ボウルによく混ぜ合わせておく。

[煮る]
❸鍋にだしを煮立て、しめじと油揚げを加え、Bで調味する。再び煮立ってきたら水溶き片栗粉でとろみをつけ、②のすいとんダネを手ですくいながら流し込む。
❹すいとんが浮いてきたら火を止め、器に盛りつけ細ねぎとおろししょうがを添える。

MEMO✦すいとんダネは、汁に水溶き片栗粉で薄いとろみをつけてから、フツフツと煮立っているところに流し入れること。ぬらした指でタネをすくい、ヒラヒラと汁の中に落とします。ドボッと落としてはだめ。口あたりが違ってきます。

かきたま汁 (はやい)

とろみをほんの少しつけて

[材料]
だし……2 1/2カップ
A［塩小さじ1/4　酒大さじ1/2　しょうゆ小さじ1/2］
水溶き片栗粉［片栗粉・水各小さじ1/4〜1/2］
卵……1個
しょうが (すりおろし)……少々

[煮る]
❶卵は割りほぐす。鍋にだしを煮立ててAで味を調える。再び煮立ってきたら、おたまでかき混ぜながら水溶き片栗粉を回し入れる。
❷①がフツフツしているところに、溶き卵を少し高い位置から、なるべく細く回しながら流し入れ、卵がふんわり浮いて固まりかけてきたら、ふたをして火を止める。
❸椀に盛りつけ、おろししょうがをのせる。

MEMO✢汁に春なら木の芽を浮かせたり、夏ならみょうがを散らしても、季節の味わいが楽しめます。

粕汁 (かす) (ゆったり)

寒い日はこれ！　酒粕で体も心もほっかほか

[材料] (2〜3人分)
塩ざけのあら（または塩ざけの切り身2切れ）……150g
酒粕……20〜30g
にんじん……2cm
大根……2cm
こんにゃく……1/4枚（50g）
油揚げ……1/2枚
焼きちくわ……1本
だし……3カップ
白みそ（またはいつものみそ）……大さじ1以上
薄口しょうゆ……少々
細ねぎ……2〜3本

[下ごしらえ]
❶塩ざけのあら（切り身なら二つか三つに切る）は熱湯で表面の色が変わるまで湯がく。
❷酒粕は、だしのうち1/2カップをヒタヒタに加えてしばらくおき、なめらかに溶きのばす。

[切る]
❸にんじんと大根は細切りにする。こんにゃくも細く切る。油揚げは縦二つに切り1cm幅に切る。ちくわは縦二つに切り、斜めに5mm幅くらいに切る。細ねぎは小口切りにする。

[煮る]
❹残りのだし2 1/2カップを鍋に入れ、さけ、野菜などの具を全部入れて中火でふたをして10分煮る。野菜がやわらかくなったら、②を溶かし込み、白みそも溶かし入れる。味をみて薄口しょうゆで調える。器によそって細ねぎを散らす。

MEMO✚七味とうがらしをふっても美味。白みその分量は塩ざけの塩分によって違います。加減しながら入れてください。

けんちん汁

たっぷり野菜を食べたいときの汁物

材料 (2〜3人分)
にんじん……2cm
大根……2cm
こんにゃく……1/4枚 (50g)
木綿豆腐……1/2丁
油揚げ……1/2枚
里芋……2個 (150g)
ねぎ……1/2本
しめじ……1/2パック
ごま油……大さじ1/2
だし……3カップ
A[塩小さじ1/2　酒大さじ1/2　薄口しょうゆ小さじ1〜2]
水溶き片栗粉[片栗粉・水各大さじ1/2]
細ねぎ……2〜3本
しょうが (すりおろす) ……少々

切る

❶にんじんと大根は7〜8mm厚さのいちょう切りにする。こんにゃくと木綿豆腐は一口大に切る。油揚げは縦二つに切って1cm幅に切る。
❷里芋は皮をむいて1cm厚さの輪切りにする。
❸ねぎは2cm長さのぶつ切り、しめじは石づきを切り落とし、小房にほぐす。細ねぎは小口切りにする。

炒めて煮る

❹鍋にごま油を熱し、にんじん、大根、こんにゃく、木綿豆腐、油揚げの順に強めの中火でよく炒める。だしを加え、煮立ったら里芋を加え、ふたをして弱めの中火で煮る。
❺里芋に火が通ったら、ねぎとしめじを加えAで味を調えて、水溶き片栗粉を混ぜ、煮立ったら火を止める。器によそい、細ねぎを散らし、おろししょうがをのせる。

里芋すいとんのみそ汁

つぶした里芋を
すいとんダネに加えて

[材料]

里芋……2〜3個（150g）
小麦粉……大さじ2〜3
豚肩ロース薄切り肉……50g
しめじ……1/2パック（50g）
だし……2 1/2カップ
みそ……大さじ1〜2
細ねぎ……2〜3本
一味とうがらしまたは七味とうがらし……適量

[切る 下ごしらえ]

❶しめじは石づきを切り落とし、小房に分ける。細ねぎは小口切りにする。豚肉は2cm幅に切る。
❷里芋は皮つきのまま鍋に入れ、ヒタヒタの水を注ぎ、ふたをして火にかける。里芋が完全にやわらかくなるまでゆでる。里芋の粗熱が取れたら皮をむき、マッシャーかすりこ木でつぶす。小麦粉を加え、手でよく混ぜ合わせる。

[煮る]

❸鍋にだしを入れて中火にかけ、フツフツしてきたら豚肉を入れる。再びフツフツしてきたら②のすいとんダネをスプーンで一口大にまとめ、静かに入れる。
❹またフツフツしてきたら、しめじを加え、2〜3分したらみそを溶き入れて火を止める。椀に盛りつけ、細ねぎを散らす。好みで一味とうがらしまたは七味とうがらしをふる。

MEMO✚作り方②で生地がまとまらなければ、小麦粉を足します。

ジンジャー和スープ

**体の中から温まる和風スープ。
寒い日や冷房病にもおすすめ！**

材料 (2〜3人分)
だし……3カップ
A [塩小さじ1/4　酒大さじ1/2　しょうゆ小さじ1]
水溶き片栗粉 [片栗粉・水各小さじ1]
しょうが (すりおろす) ……小さじ1

仕上げる

❶だしを煮立てAで味をつけ、水溶き片栗粉でうっすらととろみをつける。おろししょうが(または絞ったしょうが汁)を加える。

MEMO✤風邪をひいたときや、冷房病で体調をくずしたときにぴったりなのが、このジンジャースープ。体が芯から温まるんです。とろみをつけたあとで溶き卵を細く流し入れ、しょうがを加えたジンジャーかきたまスープもおすすめ。くず粉をお持ちの方は、ぜひ片栗粉の代わりに使ってください。

すいとん

野菜から甘みが、肉からはコクが出て、うまみたっぷりの汁

[材料]（2～3人分）

にんじん……4cm
じゃが芋……小1個
玉ねぎ……1/4個（50g）
豚バラ薄切り肉……100g
だし……3カップ
サラダ油……少々
小麦粉……1カップ
塩・しょうゆ……各小さじ1/2
三つ葉または細ねぎ……適量
七味とうがらし……少々

[切る 下ごしらえ]

❶にんじんは3～4mm厚さの半月切り、じゃが芋は一口大に切る。玉ねぎは繊維に沿って3～4mm幅に切る。薬味の三つ葉は2cm長さに、細ねぎなら小口切りにする。豚肉は2cm幅に切る。

❷小麦粉をボウルに入れ、水（分量外）を少しずつ加えてよく混ぜ、手で丸めるにはやわらかすぎるくらいの加減に溶く。

[炒め煮する]

❸鍋にサラダ油を熱し、にんじん、じゃが芋、玉ねぎの順に強めの中火でザッと炒め、豚薄切り肉を加えてさらに炒め、だしを加えてふたをして中火で煮る。

❹❸の鍋が煮立ったら、❷のすいとんのタネを小さいスプーンですくっては落としていく。すいとんが浮き上がってきたら、塩としょうゆで味つけする。

❺椀に盛りつけ、三つ葉や細ねぎを入れ、好みで七味とうがらしをふる。

MEMO✚ すいとんに入れる野菜は大根、ごぼう、ねぎ、キャベツ、かぶ、白菜など、ある野菜でOK。

冬瓜スープ
とうがん

低カロリーだからダイエットにもよい一品

[材料]
冬瓜……200gくらい
だし……2 1/2カップ
A [酒大さじ1　塩小さじ1/4　薄口しょうゆ小さじ1/2]
水溶き片栗粉 [片栗粉・水各大さじ1/2]
しょうが (すりおろす) ……小さじ1

[切る]
❶冬瓜は種をスプーンで取り、薄く皮をむき、一口大に切る。

[煮る]
❷鍋にだしを煮立て、①の冬瓜を入れ、Aを加えて味を調え、ふたをして15～20分ほど弱火で煮る。
❸水溶き片栗粉を加え混ぜて少しとろみをつけ、器に盛り、おろししょうがをのせる。

豚汁

ごま油で炒めて煮るので風味よし！

材料 (2〜3人分)
- 豚こま切れ肉……100g
- ごぼう……7〜8cm
- にんじん……2cm
- 大根……2cm
- しらたき……小1袋 (100g)
- じゃが芋……小1個 (100g)
- 白菜 (またはキャベツ) ……2枚 (150g)
- ごま油……小さじ1
- だし……3カップ
- みそ……大さじ2
- 細ねぎ (小口切り) ……適量
- こしょう……少々

切る
❶ごぼうはささがきにする。にんじんと大根は細切りにする。しらたきは洗って水けをきったら、食べやすい長さに切る。じゃが芋は一口大に切る。白菜は軸と葉に切り分ける。軸は細切りにし、食べやすい長さに切る。葉はざく切りにする。

炒めて煮る
❷鍋にごま油を入れて中火にかけ、ごぼうと豚こま切れ肉を強火で炒める。肉の色が変わったら、にんじん、大根、しらたき、じゃが芋、白菜 (またはキャベツ) の順に加えて炒め、だしを加える。

❸野菜がやわらかくなったら、みそを溶かし入れ、再び煮立ったら火を止める。器に盛り、細ねぎとこしょうをふる。

MEMO✚野菜は全部揃えなくてもよい。欠かせないのはごぼうと豚肉です。

イタリアンスープ (はやい)

にんにくと粉チーズの風味が
きいた卵入りスープ

[材料]
卵……S1個
粉チーズ……大さじ1
パン粉……大さじ1
A［水2 1/2カップ　固形スープの素1個］
にんにく（みじん切り）……1/2かけ
塩・こしょう……各少々

[下ごしらえ]
❶ボウルを水でサッとぬらし、卵を割りほぐす。粉チーズ、パン粉を合わせておく。

[煮る]
❷鍋にAとにんにくを入れ、強めの火にかける。
❸固形スープの素が溶け、煮立ってきたら強火にして①を泡立て器で混ぜながら一気に加える。フワッと卵が浮いてきたら火を弱め、味をみて塩、こしょうで味を調える。

オニオングラタンスープ

本格的な味のコツは
玉ねぎをじっくり炒めること

[材料]
玉ねぎ……大1個（250g）
バター……大さじ1
A［水2 1/2カップ　ベイリーフ1/2枚　塩・こしょう各少々
　固形スープの素1個］
フランスパン（1cm厚さの薄切り）…2枚
溶けるチーズ……大さじ山盛り2

[切る]
❶玉ねぎは縦二つに切り、繊維を断つように薄切りにする。

[炒めて煮る]
❷フライパンにバターを入れ、火にかけてすぐ玉ねぎを加え、強めの中火であめ色になるまで炒める。
❸鍋にAと②を入れ、弱火で15～20分コトコト煮込む。
❹1人分ずつ耐熱容器に取り分けて、それぞれにフランスパンを浮かせ、溶けるチーズをのせて230℃のオーブン、またはオーブントースターでチーズが溶けるまで焼く。

MEMO✚ 玉ねぎの炒め方が味の決め手。じっくり時間をかけて炒めれば炒めるほど甘みが増します。

ガーリックスープ

**にんにくは薄皮ごとゆでてから使うと、
たっぷり入れてもほどよい味わい**

[材料]
にんにく……2かけ
オリーブ油……大さじ1/2
A［水3カップ　固形スープの素1/2個
　セロリの葉やパセリの茎各適量］
塩・こしょう……各適量

[下ごしらえ]
❶にんにくは1かけずつバラバラにして、薄皮はむかずに鍋に入れ、ヒタヒタの水（分量外）を注いで火にかける。3〜4分ゆでてから水にとって薄皮をむき、みじん切りにする。

[炒めて煮る]
❷鍋にオリーブ油を入れて弱火で①のにんにくを焦がさないように炒め、よい香りがしてきたらAを加えて30〜40分ほどコトコト煮て、塩、こしょうで味を調える。

MEMO✚ミニトマトを半分に切って器に入れ、その上からガーリックスープを注いでもおいしいんです。体がゾクゾクする、風邪かな？　というときにも飲むと、効果てきめん。もちろんふだんの食事のスープにも。肉料理にとてもよく合います。

コーンスープ (はやい)

小麦粉を
バターで炒める手間いらず

材料 (2〜3人分)
クリームコーン缶詰……1缶 (180g)
牛乳……1 1/2カップ
固形スープの素……1個
塩……少々
水溶き片栗粉 [片栗粉・水各小さじ1/2]
バター……1cm角

下ごしらえ

❶湯1/4カップ (分量外) にスープの素を溶かす。水溶き片栗粉を用意する。

煮る

❷鍋の中をサッと水でぬらし、クリームコーン、牛乳、①の溶かしたスープを入れて、泡立て器で混ぜ、中火にかける。煮立ったら味をみて塩で調味する。

❸水溶き片栗粉で少しとろみをつけ、再び煮立ったら火を止め、仕上げにバターを落とす。

MEMO✚ 洋風のコーンスープは、ふつうは小麦粉をバターで炒めてルウを作りますが、そこを省略。代わりに水溶き片栗粉でとろみをつければ簡単です。器に盛ったら、あればクルトンを浮かせても。クルトンは食パンをさいころ状に切り、油で揚げるか、オーブントースターでカリッと焼く。

コンソメスープ (ゆったり)

スープをとったあとの肉はコールドビーフに

材料 (2～3人分)

牛かたまり肉……300g前後
残り野菜(セロリの葉、パセリの軸、にんじんのしっぽなど香りの強い野菜)……適量
ベイリーフ……1/2枚
水……肉300gに対して1ℓ (5カップ)
粒こしょう (あれば)……5粒くらい
塩……小さじ1/4くらい

下ごしらえ

❶牛かたまり肉は熱湯に入れ、サッと表面の色が変わるまでゆでる。

煮る

❷残り野菜、ベイリーフ、分量の水を鍋に入れて火にかけ、①の牛肉を入れる(このとき、湯はまだ煮立っていない状態でもOK)。塩と粒こしょうも加える。

❸はじめは強火、煮立ったら表面がつねにフツフツする程度に火を弱め、ふたをして1時間半ほど煮る。ふきこぼれそうになったら、ふたはずらしてかける。

❹肉を取り出し、スープを細かい網でこし、塩、こしょう(ともに分量外)で味を調える。

MEMO✛コンソメスープを作るだけなら牛肉はすね肉でいいけれど、赤身を使えば、肉もコールドビーフとしておいしく食べられます。

> コールドビーフの作り方▶コンソメスープで使った肉はアツアツのうちにすぐにしょうゆ大さじ2～3につけ込み、しょうが汁、おろしにんにくを各小さじ1/2も加えて肉を転がし、味をからませる。ときどき肉を転がす。薄切りにして、中心までは味がしみないので、わさびじょうゆや大根おろしを添える。

かぼちゃのポタージュ

ほんのり甘くてカロチンも
たっぷりな栄養スープ

[材料]

かぼちゃ……150g
水……1カップ
牛乳……1 1/2カップ
塩……2つまみ
バター……1cm角

[下ごしらえ]

❶かぼちゃは一口大に切って鍋に入れ、分量の水を加え、ふたをしてゆでる。
❷かぼちゃがやわらかくなったら、マッシャーなどでゆで汁ごとつぶす（皮を入れる入れないは好みで）。

[煮る]

❸②に牛乳を加えて混ぜ、中火にかける。
❹フツフツしてきたら塩で味を調え、火を止めてすぐにバターを落とす。

MEMO✚きれいな黄色のポタージュに仕上げたい場合は、かぼちゃの皮をむいてください。緑色になってもOKという人は、皮ごと切ります。作り方②③はミキサーを使っても簡単です。

ビシソワーズ (ゆったり)

**夏のフレンチの定番。
冷たくてクリーミーなじゃが芋のスープ**

[材料] (2～3人分)
じゃが芋……小2個 (200g)
玉ねぎ……1/4個 (50g)
固形スープの素……1個
ベイリーフ……1/2枚
牛乳……2カップ
塩・こしょう……各少々
生クリーム……大さじ2～3

[切る]
❶じゃが芋は皮をむき一口大に切る。玉ねぎは薄切りにする。

[煮る 仕上げる]
❷じゃが芋と玉ねぎを鍋に入れ、ヒタヒタの水(分量外)を注ぐ。固形スープの素、ベイリーフを加え、ふたをしてじゃが芋がやわらかくなるまで中火で煮る。
❸②の粗熱が取れたらベイリーフは取り除く。ミキサーにかける。途中牛乳1カップも加える。
❹③を鍋にあけ、残りの牛乳1カップも加え、弱火にかける。温まったら、塩、こしょうで味を調え、粗熱が取れたら冷蔵庫で冷やす。
❺器によそい、生クリームを流し入れる。

汁スープ

チキンスープ(中国風)

安くて経済的!
中国料理の味のベースに

[材料] (作りやすい分量)

鶏がら……1羽分
煮干し……5〜6尾
昆布……5cm
水……7カップ
塩……小さじ1/4
しょうが(薄切り)……2〜3枚
ねぎ(青い部分)……10cm
にんじん(ざく切り)……5cm
A [酒大さじ1　塩適量]

[下ごしらえ]

❶鶏がらを熱湯(分量外)で完全に色が変わるまでゆで、水でていねいに洗っておく。

[煮る]

❷鍋に①の鶏がらと煮干し、昆布、野菜を入れ、分量の水と塩を加えて強火にかける。
❸煮立ってきたら表面がつねにフツフツしているくらいの弱火にし、30〜40分煮る。途中でアクが出たら、取り除く。
❹鶏がら、煮干し、昆布、しょうが、ねぎ、にんじんを取り出す。スープにAで味を調える。

MEMO✤洋風のチキンスープにするなら、しょうがとねぎの代わりにセロリを加えて煮込みます。昆布は不思議に中国風チキンスープにも、洋風チキンスープにも合います。残ったスープは冷凍保存で3週間OK。

チャウダー (はやい)

ポタージュの素を使って簡単にできる

[材料]（2～3人分）
あさりの水煮缶詰……1缶（55g）
ベーコン……1枚（20g）
玉ねぎ……1/4個
にんじん……5cm
マッシュルームの水煮缶詰（スライス）……小1缶
じゃが芋……1個
バター……大さじ1
水……1/2カップ
ポタージュの素（インスタント）……1袋（約140g）
牛乳……2カップ
塩・こしょう……各少々
パセリ（みじん切り）……適量

切る 下ごしらえ

❶玉ねぎは1cm角、にんじんは薄いいちょう切りにする。じゃが芋は1cm角に切る。ベーコンは1cm幅に切る。
❷ポタージュの素は1/2カップの湯（分量外）で溶かしておく。

炒めて煮る

❸鍋にバターを溶かし、ベーコン、玉ねぎ、にんじん、汁けをきったマッシュルーム、じゃが芋を中火で炒める。
❹全体がアツアツになったら、あさりを缶汁ごとと、分量の水を加え、5分煮る。溶かした②のポタージュと牛乳を加え、フツフツしてきたらグンと弱火にする。
❺じゃが芋がやわらかくなったら塩、こしょうで味を調える。器に盛りつけ、パセリを散らす。

おやつ・その他

簡単手作りの和風洋風おやつ・
ジャム・ぬか床のレシピ

15点

おはぎ(ぼたもち)3種

あずきあん、ごま砂糖、きな粉砂糖をご紹介

[材料] (8個分)
もち米……1合 (180㎖)
あずきあん
[あずき100g　砂糖100g　塩少々]
ごま砂糖
[いりごま(黒)大さじ4　砂糖小さじ1〜2]
きな粉砂糖
[きな粉大さじ2　砂糖小さじ1〜2]

もち米だんごを作る

❶もち米は洗って、米の2割増しの水加減をして30分ほど浸し、炊飯器でふつうに炊く。炊き上がったら蒸らし、温かいうちに、水でぬらしたすりこ木でつきつぶしながら混ぜる。米粒が半分つぶれたくらいの状態にする。これを「半殺し(はんごろし)」といいます。

❷①のもち米ご飯を八等分して丸める。

あずきあんを作る

❸あずきはよく洗って表示どおりに戻し、豆の約3倍の水(分量外)を加えて強火で煮る。沸騰したら2〜3分煮て、ゆで汁を捨てる。

❹水を替えて最初は強火、煮立ってきたら弱火に落とし、いつもフツフツしている火加減でやわらかくなるまで1時間〜1時間半煮る。

❺④に2〜3回に分けて砂糖を加え、塩も少量加える。ほとんど汁けがなくなるまでときどき木ベラで練り混ぜながら水けをとばす。木ベラですくってやわらかめかな、と思うくらいで火を止めると、冷めたときちょうどいいかたさになる。

❻あんこ玉を8個作る。あんこは八等分して、ゴルフボールよりひと回り大きめにまとめ、乾かないようにぬれぶきんをかけておく。

ごま砂糖、きな粉砂糖を作る

❼ごま砂糖は黒いりごまをすり鉢ですり、砂糖をよく混ぜ合わせておく。きな粉砂糖もきな粉と砂糖をよく混ぜ合わせる。

仕上げる

❽あずきあんのおはぎ（表側があんこ）を4個作る。かたく絞ったぬれぶきんを手のひらに広げ、⑥の大きいあんこ玉をのせて広げる。この中心に②のもち米だんごをのせる。ふきんで包むようにして、あんこでご飯を包み、キュッと絞って形を整える。そっとふきんをはずす。

❾ごま砂糖のおはぎ（表側がごま砂糖、中にあんこが入る）を2個作る。かたく絞ったぬれぶきんを手のひらにのせて、②のもち米だんごを広げ、⑥のあんこ玉をのせる。ご飯で包み、絞って形を整える。ふきんをはずしてごま砂糖をまぶす。

❿きな粉砂糖のおはぎ（表側がきな粉砂糖、中にあんこが入る）を2個作る。かたく絞ったぬれぶきんを手のひらにのせて、②のもち米だんごを広げ、⑥のあんこ玉をのせる。ご飯で包み、絞って形を整える。ふきんをはずしてきな粉砂糖をまぶす。

MEMO＋おはぎとぼたもちって、じつは同じものなんです。江戸時代あたりから春と秋のお彼岸に作られていたようですが、名前は季節の花に合わせて、春の牡丹から牡丹餅に、秋の萩から萩の餅とかお萩になったといわれています。

ふきんを利用して
あんを広げているところ

広げたあんの中心に
ご飯をのせふきんで包む

お好み焼き

おろした長芋または大和芋を加えるのがミソ

材料（2人分）

小麦粉……1カップ
水……1カップ弱
卵……1個
山芋（長芋、大和芋、手のひら芋など　すりおろす）
　　……1/2カップ
キャベツ……2枚（200g）
サラダ油……大さじ1
いか……（小）1ぱい
豚ロース薄切り肉（または豚バラ肉）……4枚（100g）
こんにゃく……1/4枚（50g）
桜えび（乾）……大さじ山盛り2
細ねぎ（小口切り）……1カップ
とんかつソース……適量
紅しょうが……適量
青のり……少々
削り節……1/2カップ（5g）

切る　下ごしらえ

❶キャベツは細切りにする。こんにゃくは薄切りにする。いかは1cm幅に切る。豚ロース薄切り肉は長さを二つに切る。
❷ボウルに小麦粉と分量の水を入れ、卵を割り落とし、すりおろした山芋を加え、泡立て器で混ぜる。なめらかになったらキャベツを加えておく。

焼く

❸フライパンまたは鉄板を温め、サラダ油を薄くなじませ、②をおたまに1杯ほど流す。すぐにいか、豚肉、こんにゃく、桜えび、細ねぎを1/2量ずつ次々に均一にのせる。
❹上からまた②をトロ〜っとおたまに軽く1杯ほどかける。フライ返しをスッと入れて裏がよく焼けているようなら裏返し、フライ返しでギュッと押しつけるようにして中火で焼く。

❺焼けたらとんかつソースをぬり、紅しょうがを散らす。青のりをふり、削り節をのせる。残りの材料も同様にして焼く。

MEMO✚ 多めに作ったときなど、焼いたものを冷凍保存にしておくと、小腹がすいたときやおやつ代わりにもなって重宝しますよ。

春菊の草だんご

**都心ではよもぎが手に入らない。
そこで思いついたのがこれ!**

[材料]（作りやすい分量）
春菊……1/4ワ（50g）
白玉粉……1カップ
ぬるま湯……1/2カップくらい
砂糖・きな粉……各適量

[下ごしらえ]
❶春菊はやわらかい葉だけ摘む。
❷湯を沸かして春菊をゆで、ざるに引き上げ、冷めたら水けをよく絞る。これを細かく刻んですり鉢でする。ブレンダーでもOK。

[だんごにする]
❸ボウルに白玉粉を入れ、様子を見ながらぬるま湯を加える。耳たぶくらいのやわらかさになるまで、ぬるま湯を加えながらよく練る。ちょうどいい状態になったら②のすり鉢に移して混ぜ込む。すり鉢のない人はボウルで。
❹③を小さいだんご状に丸め、熱湯でゆでる。浮いてきたらすくい出して冷水にとり、水けをよくきって砂糖ときな粉をたっぷりまぶして食べる。

古式白玉

ひんやり冷やしてツルリッと食べて

材料 (2人分)
白玉粉……1カップ
ぬるま湯……白玉粉の1/2カップくらい
A［水1/2カップ　砂糖大さじ2］
シナモン……少々

シロップを作る

❶Aを火にかけ、沸騰したら混ぜながら1〜2分煮て火を止め、シロップを作る。冷めたら冷蔵庫で冷やす。

白玉を作る

❷白玉粉をぬるま湯でこねて耳たぶくらいのやわらかさにし、一口大のだんごに丸める。
❸鍋に湯を沸かして②を次々と入れ、浮いてきて2分くらいゆでたらすくい出して冷水にとる。
❹白玉が冷たくなったら水けをきって器に盛りつけ、①の冷たいシロップをかけ、シナモンをふって食べる。

MEMO✚白玉粉は水でこねる人が多いけれど、ぬるま湯でこねたほうがずっとなめらかで、口あたりがいい。冷たく冷やした白玉だんごはきな粉やあんをまぶして食べてもいいけれど、シロップをかけて汁ごとツルリンと食べるのも美味。
「古式白玉」ってカツ代流ネーミング。シナモンを加えたシロップはちょっとレトロな風味で、時代をさかのぼりたくなりました。平成、昭和、大正、明治からもっとさかのぼって平安時代に…。はて平安朝に白玉あったかしらん？

カスタードプリン

**卵と牛乳たっぷりで作る
ホンモノのおいしい味**

[材料]（プリン型5〜6個分）
A［砂糖大さじ3　水大さじ1　熱湯大さじ2］
卵……2個
牛乳……1 1/4カップ
砂糖……大さじ4
バニラエッセンス……少々
バター……適量

[下準備]

❶プリン型の内側に薄くバターを塗っておく。
❷Aの材料でカラメルソースを作る。小鍋に分量の砂糖と水を入れ、火にかけ、ジュ〜ッと茶色になるまで煮詰めて火からおろす。分量の熱湯を手早く加えて大急ぎでトロッと混ぜ、ソースが固まる前に手早くプリン型に等分に流し込む。

[蒸す]

❸ボウルに卵を溶き、牛乳、砂糖、バニラエッセンスを加え泡立器で混ぜ、裏ごし器などでこし、カラメルソースを入れた②の型に等分に流し込む。
❹湯気の立った蒸し器に並べて入れ、蒸気が落ちないようにふきんをかませてからふたをし、中火より弱めの火で10分ほど蒸す。そのまま冷まし、粗熱が取れたら冷蔵庫で冷やす。竹串をプリンと型の間に刺し、ぐるりと一周して縁を離し、型から出す。

MEMO✚蒸し器がない場合は、鍋に水をはって（型が1/3くらいつかる程度）沸騰させ、型を並べ入れ、ふきんをかけてふたをし、弱めの中火で10〜15分湯せんすればOKです。
オーブンで作る場合は、天パンに並べて直接湯をはり、160〜170℃にセットして約25分焼きます。

おやつその他

ドーナツ

スプーンですくって揚げる コロコロドーナツ

[材料]（作りやすい分量）
ホットケーキミックス（市販品）……1/2カップ
小麦粉……1/2カップ
A［卵1個に牛乳を加えて1/2カップ］
揚げ油……適量
粉砂糖……適量

[生地を作る]
❶計量カップにAの卵を溶きほぐし、牛乳を加えて1/2カップにする。
❷ボウルにホットケーキミックスと小麦粉を入れ、①を加え、木ベラなどでよく混ぜる。かたければ牛乳を足し、やわらかければ粉を足す。

[揚げる]
❸揚げ油を中温（170℃）に熱し、スプーン2本を使って②を少しずつ油の中に静かに落とす。
❹片面がきつね色になったら裏返して揚げ、竹串で刺してみて、生地が何もついてこなくなるまで揚げる。粗熱が取れたら粉砂糖をふる。

MEMO✚好みで、ドーナツにシナモンシュガーをかけて食べてもとてもおいしい。

パンケーキ

ゆったりとした休日のブランチに楽しみたい

[材料]（2人分）
A［小麦粉1カップ　ベーキングパウダー小さじ1　塩少々］
卵……1個
砂糖……大さじ3
牛乳……70〜80ml
溶かしバター……大さじ1
バニラエッセンス……少々
サラダ油……少々
バター・メープルシロップ・はちみつなど……各適量

生地を作る

❶ボウルに卵、砂糖、牛乳、溶かしバター、バニラエッセンスを加え、泡立て器で混ぜ合わせる。
❷Aを合わせて①にふるい入れ、粉っぽさがなくなるまで混ぜる。

焼く

❸厚手のフライパンにサラダ油を薄くひき、②のたねを四等分して流す。片面が焼けたら裏返し、中まで火を通す。
❹アツアツのパンケーキにバター、メープルシロップ、はちみつなどをかける。

MEMO✤残ったパンケーキは、粗熱が取れたところでラップできっちり包み、密閉袋に入れて冷凍保存しておくと、何かと便利。

フルーツサラダ

季節の果物で作るサラダ。デザートにも!

[材料] (2人分)

りんご……1/2個
キウイフルーツ……1/2個
バナナ……1本
オレンジ……1個
A [生クリーム1/4カップ　マヨネーズ小さじ1
　粉砂糖小さじ1〜2]

[切る]

❶フルーツは好きなものを好きなだけ揃え、食べよい大きさに切っておく。生のフルーツだけでなく、缶詰でもOK。ただし缶詰の場合は汁を入れると甘くなりすぎるので、汁けをよくきっておくこと。

[仕上げる]

❷Aを混ぜ、トロ〜ッとしたソースを作る。かたければ牛乳（分量外）を少し加えてのばしてもよい。
❸①のフルーツを器に盛り、②のソースをかける。

MEMO✚季節によってりんごをいちごに替えたり、好みの旬の果物で作ります。

ヨーグルトいちごアイス

いちごとヨーグルトのさわやかスイーツ

[材料] (作りやすい分量)

いちご……10粒 (150g)
粉砂糖……大さじ4
生クリーム……1/2カップ
プレーンヨーグルト……1/2カップ

[生地を作る]
❶いちごは洗ってヘタを取り、ボウルに入れてマッシャー（なければフォーク）でていねいにつぶす。粉砂糖を加えて混ぜる。
❷さらに生クリームも加えてなめらかになるまで混ぜる（生クリームはそのまま混ぜてもよいが、八分立てに泡立ててから混ぜると、仕上がりの口あたりがぐんと軽くなる）。
❸最後にプレーンヨーグルトを入れて混ぜる。
[冷凍庫に入れる]
❹③をステンレスなどの容器に流し入れて冷凍庫で2〜3時間冷やし固める。
❺途中で2〜3回ほど全体をほぐしながら混ぜる。

いちごジャム

市販のものとは一味違うフレッシュな味と香り

[材料]（作りやすい分量）
いちご……1パック
砂糖……1/2カップ
[下ごしらえ]
❶いちごは洗ってヘタを取り、サッとぬらした鍋に入れ、砂糖をまぶして30分おく。少し汁が出るのを待つ。
[煮る]
❷①を中火にかけ、フツフツしてきたら弱火で10分煮て、火を止めて冷ます。
❸また火にかけてフツフツしたら火を止める。これを3〜4回繰り返すと、色のきれいないちごジャムができ上がる。

MEMO✚保存は冷蔵庫で。1週間ほどで食べきりましょう。いちごソースを作りたいときは、作り方の①ででき上がりです。

かぼちゃジャム
シナモンをほんのり香らせて

[材料]（作りやすい分量）
かぼちゃ……1/4個（300g）
A［砂糖・はちみつ各大さじ2］
シナモン（好みで）……適量

[切る 下ごしらえ]
❶かぼちゃは種とわたを取り、大きく切る。
❷かぼちゃを鍋に入れ、ヒタヒタの水を注いで火にかけ、沸騰したら湯をきる。

[煮る]
❸かぼちゃの皮を取ってつぶし、Aの材料を加えて弱火にかけながら木ベラで適当なかたさに練り、火からおろしてシナモンを混ぜる。

MEMO+ 保存は冷蔵庫で。1週間ほどで食べきりましょう。パンにバターをぬり、かぼちゃジャムをつけて食べると絶妙な味に。黄色く仕上げたいときは皮を取る。

さつま芋ジャム
オレンジジュースで酸味をプラス

[材料]（作りやすい分量）
さつま芋……300g
A［オレンジジュース（果汁100%）大さじ4　砂糖大さじ3
　はちみつ大さじ1］

[切る 下ごしらえ]
❶さつま芋は皮をむいて2cm厚さの輪切りにし、塩水（分量外）にさらしておく。

🟤 煮る

❷①のさつま芋の水けをきって鍋に入れ、ヒタヒタの水を加えて火にかけ、やわらかくなるまで煮る。煮上がったら、湯をきる。
❸②のさつまいもをマッシャーでていねいにつぶし、Aの材料を加えて弱火で15分ぐらい木ベラで練りながら、中までしっかり加熱する。

MEMO✢保存は冷蔵庫で。1週間ほどで食べきりましょう。

りんごジャム

できれば、酸味のある紅玉で作りたい！

材料 (作りやすい分量)
紅玉……2個
砂糖……1/4〜1/2カップ
水または赤か白のワイン……1/3カップ

🟤 切る

❶紅玉は六〜八等分のくし形に切り、皮をむいて5mm厚さのいちょう切りにする。

🟤 煮る

❷鍋の中を水でぬらし、①のりんごを入れ、砂糖をまぶし、水または赤か白のワインを注いで中火にかける。フツフツしてきたらふたをして弱火にし、30分ほど好みのやわらかさになるまで煮る。

MEMO✢紅玉が手に入らない場合は、レモン汁を少々加えます。保存は冷蔵庫で。1週間ほどで食べきりましょう。なお、長めに保存するときは、砂糖の量は多めの1/2カップにします。

ぬか床(どこ)

水は一滴も使わない、
ビールをたっぷりがコツ！

[材料]（作りやすい分量）
生ぬか……1.5kg
ビール……大びん1本（633mℓ）
缶ビール……中1缶（350mℓ）
粗塩……220g
にんにく……2かけ
赤とうがらし……2～3本
粉がらし……大さじ2～3
昆布……適量
さんしょうの実（あれば）……少々

[作り方]

❶ふたのできる大きめの容器にぬか、ビール、粗塩と、交互に3～4回くらいに分けて入れ、しっかり混ぜ合わせる。このときはかたくて混ぜにくい。

❷ビールは少しずつ入れ、はじめはかためにする。残りの材料も加え、底から上へ、上から底へとしっかり混ぜ合わせる。

❸最後に手のひらでしっかり押さえて表面を平らにし、かたく絞ったぬれぶきんで容器の内側をきれいにふく。表面がでこぼこしていたり、容器のまわりにぬかがついていたりすると、そこからカビやすいので注意。

MEMO✚ ぬか床は毎日かき混ぜること。夏は朝晩の2回混ぜます。またしばらく野菜を漬けないときは、容器ごと冷蔵庫に入れてください。家を留守にするときは、冬なら2～3日大丈夫ですが、長期間家を空けるときは冷蔵庫にそのまましまっておきます。冷蔵庫に入らない場合は、空気に触れる表面部分を塩でおおい、帰宅したら表面部分のぬかを塩ごと取り除き、またかき混ぜていつものように漬けます。

ぬかみそ漬け

[材料]（好みの野菜で）

きゅうり、なす、にんじん、大根、キャベツ、かぶ、みょうがなど……適量

[漬ける]

❶なすはヘタを切り落とす。塩適量をまぶしキュッキュッと手で強めにもんでから、そのままぬか床にムギューッと漬け込む。なすの場合のみ、漬ける前に塩もみが必要。

❷大根やにんじんは皮つきのまま、縦長に適当な長さに切って漬ける。その他の野菜はそのまま漬け込む。

❸漬けたあとは、ぬか床の表面から野菜が顔を出さないように、平らにならす。

MEMO✚ぬかみそ漬けができるおおよその時間は、野菜の種類や季節にもよりますが、早いもので4〜5時間、漬かりにくいものだと7〜10時間かかります。急いで食べたいときは、少し小さく切ると早く漬かります。

季節によって、野菜はまったく漬かり方が違うので、自分の好みの漬け具合を見つけてメモしましょう。

料理をはじめる前に——用語とコツ

▼調理用語
- 魚の調理に「**二枚おろし**」、「**三枚おろし**」があります。二枚おろしとは頭とはらわたを取り、骨がついたままの身一枚と、骨のない一枚。一尾の魚を二枚に切り分けたもので、身くずれしにくいのが特徴です。三枚おろしは二枚におろした骨のついたほうの骨をそぎ取り、身・骨・身と三枚に分けたもの。ムニエルや竜田揚げ、マリネなどに使います。
- 「**煮含める**」とは、煮汁を材料にしみ込ませるように煮ること。火加減は中火でコトコトと煮ます。煮物を"含める"とは、火を止めて冷めるときに徐々に味がしみ込むことを利用するものですから、火を止めたらしばらくおいて器に盛りつけます。
- 「**戻す**」とは、干ししいたけなど乾燥して縮んだ食材を水やぬるま湯（40℃前後まで）で戻すこと。急ぐときはつい熱い湯で、と考えがちですが、こうすると味がやや落ちます。
- 「**ゆでこぼす**」とは、ゆでたあとの湯をきる、捨てる、ということ。これでアクを除いたり、青臭さを取るなどして、仕上がりの味や風味をよくします。"こぼす"という言葉は、料理に慣れた人が、ざるで水けをきらずに鍋ぶたで中の食材を押さえて、上手に湯を捨てることから生まれた言葉と思われます。
- 「**そぎ切り**」とは、食材をそぐように切ること。包丁の刃を思い切り寝かせて切る方法で、切り口が大きくても、身の厚みは薄くなります。鶏のむね肉などは、この切り方のほうがおいしく仕上がります。

▼だしについて
・材料表の「だし」は基本的に昆布と削り節でとるものですが (p.286参照)、わかめなど海藻類を使う場合、昆布は不要です。みそ汁のだしには煮干しも合います。
・昆布は、使う前にサッと水で洗います。乾いたふきんでていねいにふく方法もありますが、水で洗い流しても、うまみが消えることはありません。

▼揚げ物について
・天ぷら、から揚げ、とんカツ、フライ類などは家庭料理の主な揚げ物です。中温で揚げることが多く、温度はだいたい170～180℃。温度を確かめるには、調理用の温度計もありますが、天ぷらなら油の中に少し衣を落とす、フライなら同様にパン粉を少し落とす方法が簡単。いずれも途中まで落ちて、浮き上がってくるのが中温です。沈まずにすぐ上がってくるのは高温で、家庭の揚げ物ではめったに使いません。
・から揚げは、乾いた菜箸を油の中に入れて「ため息を一つ」、時間にして2秒くらい。菜箸の先から小さな泡が出てくるのが中温です。ため息は誰でもほとんど同じなので、目安になります。
・揚げ物でいちばん注意したいのは、油の温度を中温に保つこと。火加減を放置していると油の温度はどんどん上がり、食材の中まで火が通る前に表面が焦げてしまいます。油の様子を見ながら、中火から弱火にするなど火加減のこまめな微調節が大切です。最後に、揚がったものを引き上げると同時に、火はすぐ止めることを忘れないよう気をつけてください。

〈とんカツの揚げ方〉
▽少ない油でもおいしく揚がる
　揚げ物をカラッと揚げるにはたっぷりの油を使うこと、というのが今までの定説。ところが、少ない油でも、ときどき肉を持ち上げて空気に触れさせながら揚げると、カラッと揚がります。家庭ではたくさんの油を使うのは、不経済。

▽両手を汚さずに衣をつける
　料理するとき、パン粉は片手鍋に入れて準備する。肉にしっかり小麦粉をまぶしたら、片手で持って溶き卵にくぐらせ、パン粉の片手鍋へ。この鍋の柄を左手で持って揺すれば、ホラ、手を汚さずにパン粉がまぶせる！　あとは軽く押さえてパン粉をなじませるだけ。
▽中まで火が通ったかどうか確認する
　肉の中央に竹串を刺し、抜いた竹串の先を親指の下あたりにあてて、かなり温かく感じれば中まで火が通っている証拠です。火が通っていないと、冷たく感じるところがあります。

〈鶏のから揚げの揚げ方〉
▽油の量は鍋底より２～３センチで十分
　お風呂の原理で、たくさん入れると油の高さが上がってきます。温度を中温に安定させれば、肉をびっしり入れても大丈夫。
　ただし、衣と温度が安定してくるまでは、衣を菜箸でいじらずにしばし待たれよ。じっと、見守るのも調理の一つです。
▽何度も揚げずにすむから時短
　鶏肉は鍋にたっぷり入れて揚げるので、手間いらずで時短につながります。おいしく揚げるには、衣がカリッと安定してきたら、菜箸で全体を大きくかき混ぜて肉の表面を油から出し、水分をとばすようにすればOK。カラッと揚ります。
▽カラッと揚がったら油をよく切る
　こんがり色よく揚がったら、油をよくきってバットに皮を上にして並べます。このとき、肉を重ねて置くのは厳禁。重ねると、下の肉が上の肉の油を吸ってしまうので、必ず１段に並べて。最後のここも大事なポイント。

〈てんぷらの揚げ方〉
▽衣は氷水を使い、サッと混ぜる
　氷水を使うと粘りけのない衣ができます。これがカラッと揚げるためのコツ。衣を合わせるときは、混ぜすぎないで。

粉が残っている程度で。混ぜすぎると、衣に粘りけが出てしまいます。
▽少なめの油を中温に熱する
　揚げ油は鍋の深さの半分よりやや少なめくらいで十分。これを中温に熱します。
▽材料は次々に入れて揚げる
　中温の油に材料が重ならない程度にびっしり入れます。ただし、一度にたくさんの具を入れて油の温度が下がったら、いったん火を強め、油の温度が中温に戻ったら中火にして火加減はつねに調節すること。
▽ときどき持ち上げながら揚げる
　材料は入れてすぐにはいじらず、衣がしっかりしたら菜箸でときどき持ち上げて、空気に触れさせながら揚げるのが少ない油でカラッと揚げるコツ。途中、揚げかすを取り、油全体をときどき箸で混ぜて温度を均一に保ちます。
▽材料を立てて油をきる
　油の音が小さくなり、材料を持ち上げたとき軽くなっていたら火が通った証拠。鍋の上で油をよくきり、揚げバットへ。このとき、材料を立てるように奥のほうから並べていくと油がよくきれます。

▼野菜について
・野菜はレシピ中とくに記載のないものは、洗う、皮をむく作業をすませたという前提で手順を説明しています。
・ねぎは東日本では一般的に長ねぎ、西日本では白ねぎといいますが、とくに記載がなければ地元のねぎをお使いください。例えば深谷ねぎ、岩津ねぎ、神楽ねぎ、下仁田ねぎなど、お好みのものを。

▼小麦粉について
・小麦粉は薄力粉を使います。本書には出てきませんが、地粉とは中力粉のことでうどんなどに使い、強力粉はパンを作るときに欠かせません。これらの違いは小麦粉に含まれるグルテン（たんぱく質）の量と質。薄力粉はグルテンが少なくやわらかいため料理やお菓子作りに。

デザイン	有山達也
	中本ちはる（アリヤマデザインストア）
イラスト	ケンタロウ
編集協力	向 和美
	山田冨起子

読むだけレシピ
小林カツ代 COOK BOOK 300
毎日おいしいクイックごはん

2019年12月21日　第1版第1刷発行

著　者	小林カツ代
監　修	本田明子
発行者	株式会社 新泉社
	東京都文京区本郷2-5-12
	電話 03（3815）1662
	Fax 03（3815）1422
印刷・製本	株式会社 東京印書館

©Katsuyo Kobayashi & Akiko Honda 2019 Printed in Japan
ISBN 978-4-7877-1925-6 C2077

本書の無断転載を禁じます。本書の無断複製（コピー、スキャン、デジタル等）並びに無断複製物の譲渡及び配信は、著作権法上での例外を除き禁じられています。本書を代行業者等に依頼して複製する行為は、たとえ個人や家庭内での利用であっても一切認められておりません。